KB124856

별난 사회 선생님의 역사가 지리네요

별난 사회 선생님의
역사가 지리네요

초판 1쇄 펴낸날   2022년 9월 30일
초판 3쇄 펴낸날   2023년 7월 5일

지은이   권재원
펴낸이   홍지연

편집   홍소연 고영완 이태화 전희선 조어진 서경민
디자인   권수아 박태연 박해연
마케팅   강점원 최은 신종연 김신애
경영지원   정상희 곽해림

펴낸곳   (주)우리학교
출판등록   제313-2009-26호(2009년 1월 5일)
주소   04029 서울시 마포구 동교로12안길 8
전화   02-6012-6094
팩스   02-6012-6092
홈페이지   www.woorischool.co.kr
이메일   woorischool@naver.com

ⓒ 권재원, 2022
ISBN 979-11-6755-076-7 43300

• 책값은 뒤표지에 적혀 있습니다.
• 잘못된 책은 구입한 곳에서 바꾸어 드립니다.

만든 사람들
책임 편집   이선희
표지 디자인   박해연
본문 디자인   한향림

10대를 위한 어마어마한 역사X지리 수업

별난 사회 선생님의 역사가 ◆ 지리네요

권재원 지음

우리학교

이야기가 있는 지리, 공간이 있는 역사가 필요한 이유

중학생들에게 가장 싫어하는 과목이 뭐냐고 물어보면 의외로 사회 과목을 꼽는 경우가 많다. 특히 공부를 열심히 하는 학생들이 그렇게 대답하는 경우가 많다. 왜 그러냐고 물으면 이구동성으로 나오는 대답이 너무 어렵다는 것이다. 특히 어려워하는 부분이 무엇이냐고 물으면, 세계사와 지리 부분이라고 한다. 이런 말을 들을 때마다 항상 의외라고 생각했다. 지금 중학생의 부모 세대에는 세계사와 지리를 제일 재미있고 흥미진진한 영역으로 기억하는 사람들이 많기 때문이다.

흥미진진한 지리와 세계사가 대체 왜 어려울까? 다시 물어보면, 열이면 열 외울 게 너무 많아서라고 대답한다. 그냥 외우는 것도 아니고 낯선 지명, 인명, 어려운 한자어를 같이 외워야 하니 고역이라는 것이다. 재미있어야 할 사회 공부를 어렵게 만드는 원인은 바로 암기에 있었다.

그런데 흔히 국영수와 과학을 어려운 과목으로 생각하고 사회 등 나머지 교과를 암기 과목으로 분류해 쉽게 생각하는데, 사실 우리 두뇌가 가장 힘들어하는 일이 무작정 암기하는 것이다. 사람의 두뇌는 어떤 단어나 개념을 조각조각 암기하기에 적합하지 않기 때문이다. 반대로 사람은 이야기를 만들고 이야기를 이해하기에 적합한 두뇌를 가지고 있다. 어디서 재미있는 사건을 경험한 뒤 친구들과 수다 떠는 장면을 떠올려 보자. 얼마나 많은 단어가 등장하는가?

시험공부를 할 때는 단어 열 개도 외우기 힘든데, 일부러 외우지도 않았지만 머릿속에 이야기와 관련한 무수한 단어를 담을 수 있었던 까닭은 바로 이야기 구조이기 때문이다. 마찬가지로 영어 단어를 외우려고 하면 그토록 힘든 머리가 영어 노래나 랩 가사는 저도 모르게 기억하는 까닭도 그 안에 이야기가 있기 때문이다.

지리는 공간의 특성과 사람의 관계를 공부하는 것이다. 단지 공간을 주제로 공부하는 것이라면 기하학이나 지구과학과 별 차이 없다. 하지만 지리의 핵심은 그 공간에서 살았던, 혹은 살아가는 사람의 삶이다. 결국 이는 무대에 따라 달라지는 이야기를 공부하는 것이다. 그런데 공간의 차원에서 보는 사람의 삶은 한두 사람의 일시적인 것이 아니라, 수많은 사람이 여러 세월에 걸쳐 켜켜이 쌓아 온 삶이 모여서 만들어진 것이다. 즉, 역사다. 역사는 과거에서부터 현재에 이르기까지 있었던 사실들이다. 이 사실들은 무의미하게 흩어진 것이 아니라 하나의 타임라인을 그리며 오늘날까지 이어진다. 그런데 과거의 사실들은 허공에서 이루어지지 않는다. 반드시 어떤 공간을 배경으로 이루어지며, 그 공간 특성의 영향을 받으며 형성된다.

단적인 예를 보자. 지리는 역사를 바꾸는 전쟁에서 결정적인 역할을 했다. 역사에 이름을 남긴 명장들은 결국 지리의 대가들이다. 이순신 장군은 아군이 유리한 위치에서는 병력이 열세라도 두려워하지 않았고, 아군이 불리한 위치에서는 병력이 우세해도 싸움에 응하지 않았다. 역사적인 명장들은 다른 공부는 몰라도 지리에서만큼은 아주 뛰어났다고 할 수 있다.

이런 점에서 지리 공부와 역사 공부는 서로 돕는 관계다. 역사가 시간이라면, 지리는 자리다. 시간과 자리를 따로 떼어 놓고 하는 공부는 어색하고 생기가 없다. 연극을 무대 없이 낭독극만으로 진행하거나, 배우의 대사나 연기 없이 무대장치만 움직이는 것과 같다. 지리 없는 역사는 자칫 잘못하면 아무런 입체감이나 현장감도 없는 사건의 나열에 그칠 수 있고, 역사 없는 지리는 이야기가 없는 이런저런 사실들의 '지리한' 나열에 그칠 수도 있다. 무대를 제대로 갖추어서 공연하는 것이 제일 좋다. 즉, 기계적인 암기가 아니라 실제로 사람들이 발로 뛰고 온몸으로 살아간 무수한 평원, 산맥과 해협, 강과 바다가 역사에 어떤 역할을 하고 어떤 변수로 작용했는지 같이 짚어볼 때야 비로소 지리의 역할과 힘을 실감할 수 있다.

이 책을 쓴 이유가 바로 여기에 있다. 우리 학생들이 역사적 사건에 지리적 사실을 보태면, 혹은 지리적 사건에 역사적 사실을 입히면 얼마나 입체적이고 생생한 이야기가 되살아나는지 경험할 수 있도록 그 맛을 나누고 싶었다. 일단 맛보고 나면 밋밋했던 지리 혹은 역사 지식과 정보를 입체적인 이야기로 재구성하는 것은 독자의 몫이다. 그러면 어렵고 지루하기만 했던 지리와 세계사가 실은 드라마나 영화보다 더 재미있을 수도 있다는 것을 알게 될 것이다.

더구나 재미로 끝나지 않는다. 지리와 역사를 제대로 공부하는 것은 장차 사회에 진출해 활약하는 데도 큰 도움이 된다. 『삼국지연의』에 보면 뛰어난 인재를 소개할 때 "위로는 천문에 통하고 아래로는 지리에 능하다"라는 표현이 자주 나온다. 천문은 오늘날의 천문학이 아니라 시간과 날짜, 즉 때를 헤아리는 지식과 기술이다. 천문이 때에 대한 지식이라면, 지리는 자리에 대한 지식이다. 모든 일에 적당한 때가 있듯이, 모든 일에 적당한 자리가 있다. 나라의 도읍을 정하고, 집을 짓고, 씨를 뿌려 농사를 짓고, 군대를 배치해 나라를 지키는 일에 저마다 적당한 장소가 있다. 때에 맞게 씨를 뿌려도 토질이나 기후가 적당하지 않다면 농사를 망칠 것이며, 아무리 용감한 병사들이라도 불리한 지형에서 싸우면 패전을 면하기 어려울 것이다. "때를 아는 것"과 더불어 "장소를 아는 것", 즉 '지리'는 삶과 일을 위해서나 정치를 위해서나 가장 중요한 지식이다.

최근 들어 지리는 더욱 중요해졌다. 자기 나라뿐 아니라 멀리 떨어진 낯선 나라, 낯선 민족과 더불어 살아갈 수밖에 없기 때문이다. 자리가 다르면 지형과 기후가 다르며, 지형과 기후가 다르면 자원을 획득하는 방법, 생활하는 방식도 다르다. 그러니 낯선 나라나 민족을 이해하려면 그들이 살고 있는 곳의 지리를 알아야 한다. 또한 그 지리 지식이 제 역할을 하려면 그것을 적용할 수 있는 역사적 사례를 많이 알고 있어야 한다. 그렇기에 이야기가 있는 지리, 공간이 있는 역사가 필요한 게 아닐까? 이런 지리적 인식은 앞으로도 계속 중요해질 수밖에 없다. 국경과 맞닿은 분쟁, 정치와 경제, 문화의 문제는 지리를 기반으로 역동적으로 움직이고 있다.

이 책이 우리를 둘러싼 역사 이야기 안에서 이런 지리의 관점을 청소년들과 나누는 기회가 될 수 있기를 바란다.

2022년 9월 권재원

차 례

1장

자리가 운명을 결정한다?

지리 혹은 자리의 위력

한 나라의 운명이 자리의 힘으로 결정될 수 있다고?

동서고금을 막론하고 지리적 공간과 역사적 사건의 관계를 보여 주는 사건은 무수히 많다. 하지만 아무래도 우리 역사를 먼저 살펴보고 다른 나라 역사를 살펴보는 것이 바른 순서일 것이다. 그렇다면 이 책의 시작을 고려의 건국과 수도의 입지에서 하는 것이 좋겠다. 고려의 시조 태조 왕건은 지리적 공간의 속성, 즉 자리의 힘을 이용하여 나라를 세우고 통일한 최초의 군주이기 때문이다. 물론 삼국시대나 남북국시대(통일신라와 발해가 병존한 7세기 후반부터 10세기 전반 시기)에도 자리를 중요하게 생각했지만, 왕건만큼 한 나라의 운명을 자리의 힘으로 결정 지은 예는 없다.

오백 년 도읍지를 필마로 돌아드니

산천은 의구한데 인걸은 간데없네

어즈버 태평연월이 꿈이런가 하노라

전통 지리학, 풍수의 위력

오랫동안 국어 교과서를 대표하는 글 중 하나였던 이 시조는
야은 길재가 고려가 멸망한 뒤, 500년간 고려의 수도였던 개경(오
늘날의 개성)의 황폐한 풍경을 보고 읊은 것이다. 실제로 개성은 그
역사적인 가치에 비해 남아 있는 유적이 별로 없다. 무엇보다 경복
궁에 해당하는 고려의 본궐이 있던 곳은 이자겸의 난(12세기에 고려
시대의 문벌 귀족 이자겸이 왕권을 차지하기 위해 일으켰다) 때 완전히 불
타 버리고 빈터와 축대만 남아 있다. 이 축대가 바로 만월대다.

그런데 만월대는 궁궐터로서는 상당히 특이한 모양을 하고 있
다. 평지가 아니라 산비탈에 계단식으로 배치되어 있기 때문이
다. 명색이 왕궁이고, 산이 있더라도 평지로 깎아 냈을 법한데 비
탈을 그대로 두고 그 위에 건물을 올린 것이다. 고려시대의 신하
들은 임금님 한 번 알현하기 위해 꽤나 운동해야 했을 것이다.

대체 고려인들은 왕궁을 왜 이렇게 지었을까? 바로 왕건의 아
버지 왕융이 터를 잡고 지은 왕건의 생가 자리에 축조했기 때문이
다. 이 생가가 자리한 땅의 덕을 받아 고려라는 나라를 세울 수 있
었다고 믿었기 때문에 삽질 하나도 감히 하지 못했다.

이렇게 좋은 자리에 집이나 무덤 등을 지으면 가족과 후손, 나

1909년 대한제국 마지막 황제인 순종이 당시 폐허였던 개성 만월대를 방문한 모습
송악산 기슭에 자리해 높은 계단식 축대 위에 고려의 궁궐이 세워졌음을 알 수 있다.

아가 나라의 운명에 영향을
준다는 믿음이 당시의 전
통 지리학이라 할 수 있는 풍
수다. 미신처럼 느껴지겠지만 어쨌
든 그 시대의 지리학임은 틀림없다. 가장
좋은 '자리', 즉 명당을 찾는 나름의 이론
을 가지고 설명했기 때문이다. 명당의 힘으로 나라
를 세웠다고 믿고 있으니 명당의 흙 한 삽도 함부로
파기 어려웠을 것이다. 비탈이 지면 비탈이 진 그대로

만월대 서부건축군
도면 일부

17

〈지승(地乘)〉 송도부 부분
〈지승〉은 군사 요지인 관방처와 전국 군현을 총 6책으로 나누어 그린 그림식 지도책이다. 지도 가운데 개성(송도)의 만월대가 보인다. 개성은 예성강(왼쪽)과 임진강(오른쪽)이 둘러싸고, 강화도 앞바다(아래쪽)를 통과해야 들어올 수 있는 분지 지형이었다.

궁궐을 지을 수밖에.

풍수는 현대를 사는 우리에게도 낯설지 않다. 집이나 무덤의 위치를 두고 좌청룡, 우백호, 남주작, 북현무, 호랑이가 뒤를 돌아보는 형국, 봉황이 알을 품는 형국 등의 용어를 사용해 좋은 자리인지 나쁜 자리인지 평가하는 이야기를 학생들도 한 번쯤 들어 보았을 것이다. 결국 이런 것들은 '명당'을 찾기 위한 이론이다. 비록 오늘날과 같은 과학적인 이론은 아니지만, 자리의 특성이 개인과 사회에 미치는 영향의 법칙을 세우려 했다는 점에서 틀림없는 지리학이다.

지리학의 목적은 결국 '명당'을 찾는 것이다. 다만 이 명당의 조건을 설명하는 이론이 과학적으로 검증 가능하냐, 아니냐의 차이일 뿐이다. 그러니 풍수를 믿던 조상들을 비웃을 일은 아니다. 21세기가 한참 지난 오늘날에도 일제가 한반도의 지맥을 끊으려고 침을 꽂았다는 말을 믿는 사람들이 있는데(사실은 항공 사진으로 지도 작성을 하기 위해 설치한 삼각점이다), 하물며 1,000년 전이다.

이제 옆의 지도를 보자. 만월대(가운데)를 그려 놓은 옛 지도를 보면 마치 새 둥지 안에 알이 하나 놓여 있는 것 같다. 그래서 봉황이 알을 품은 지세, 용이 둥지를 세운 지세로 불린다. 정말 지형이 이렇게 생긴 것인지 그림을 과장되게 그린 것인지는 모르겠지만, 한 가지 확실한 것은 산으로 빙글빙글 둘러싸여 있는 땅, 즉 분지 안에 자리 잡았다는 점이다. 그냥 분지도 아니라, 겹겹이 둘

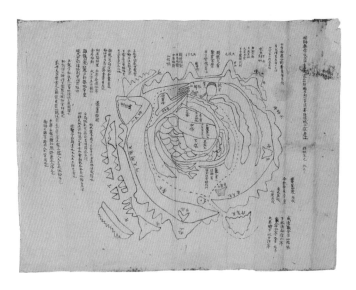

명당으로 이름 높은 마을을 그린 풍수도(조선시대)

러싸인 분지다. 넓은 분지에 개경이 자리 잡고, 다시 그 안에 작은 분지가 있는데 바로 그곳에 고려 왕궁을 세운 것이다. 큰 강 세 개(임진강, 예성강, 한강)의 하류 지역으로 넓은 평야가 펼쳐진 가운데, 딱 개성 일대만 산으로 겹겹이 싸여 있다. 이게 바로 옛사람이 생각하던 명당이다.

풍수가들이 명당을 설명하는 온갖 용어, 가령 좌청룡, 우백호 등은 결국 분지를 신비롭게 설명하는 표현이다. 왜 분지를 그토록 중요하게 생각했을까? 방어에 유리하기 때문이다. 그러니 풍수의 신비로운 용어를 풀어 보면 이렇다. 명당이란 외적의 침입을 막아

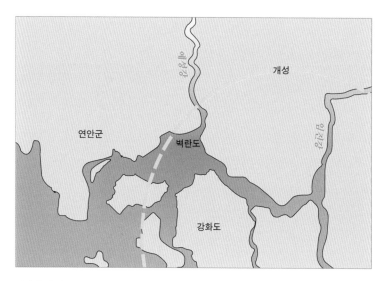

여러 물길의 교차로에 위치한 개성
개성 분지를 둘러싸고 있는 강을 비롯한 지형이다.

주는 자연 성벽 역할을 하는 산이 둘러싸고 있으면서도 농사를 짓기 좋은 평야도 있고, 다른 지역과의 교통에 편리한 강도 있는 장소다. 만월대는 바로 그 조건에 딱 들어맞는 곳이었다. 도시를 겹겹으로 에워싼 산맥 가운데 농업 생산의 기반으로 삼을 평야가 있고, 다시 그 안의 비탈진 언덕에 궁을 세워 요새로 삼을 수 있었다.

만월대만 그런 것이 아니다. 신라의 왕궁이 있던 월성 역시 비슷한 지형에 자리 잡고 있었다. 우리나라만 그런 것도 아니다. 평지 가운데 있는 언덕을 요새 삼아 왕궁을 지은 역사적인 도시로는 헝가리의 수도 부다페스트, 프랑스의 수도 파리를 꼽을 수 있다.

왜 고려의 수도는 개경이 되었나?

개경의 지리적 조건은 놀랄 정도로 훌륭하다. 방어하기 좋은 것은 물론이고 바깥으로 뻗어 나가고 교류하는 데도 편리하다. 물론 이 두 말은 서로 모순되는 것처럼 보인다. 하지만 실제 개경이 그랬다. 분지를 벗어나면 바로 여러 강물이 모여들어 서해로 빠지는 길목과 만난다. 근대 교통수단이 나오기 전에는 강을 따라 배로 이동하는 것이 육상에서 수레나 말로 이동하는 것보다 더욱 빠르고 편리했다. 여러 개의 강과 바다가 교차하는 개경은 오늘날의 고속도로 여러 개가 교차하는 터미널이나 다름없었다. 배를 타고 중국 쪽으로 가거나 해안선을 따라 호남 지방으로 손쉽게 이동할 수 있고, 한강 하구를 통해 서울 쪽으로 진입해 남한강, 북한강을 따라 충청권으로도 쉽게 이동할 수 있다.

그렇다면 외적의 침입을 그만큼 더 많이 받을 수 있지 않으냐고 반문할 수도 있다. 하지만 개경으로 통하는 물길들은 바깥으로 나가기는 쉬워도 바깥에서 함부로 들어오기는 어렵다. 강화도와 여러 개의 섬이 마치 호위병처럼 가로막고 있기 때문이다. 좀 더 자세히 살펴보자. 서해 바다에서 개경 쪽으로 들어가려면 해안선이 복잡하고, 크고 작은 섬과 암초투성이인 옹진반도와 강화도 사이의 좁은 바닷길을 통과해야 한다. 더구나 이 바닷길은 조류가 강하다. 노와 돛으로만 이동하던 당시의 배들이 조류를 거슬러 이동하기란 쉽지 않다. 따라서 조류 방향과 암초의 위치를 잘 알고

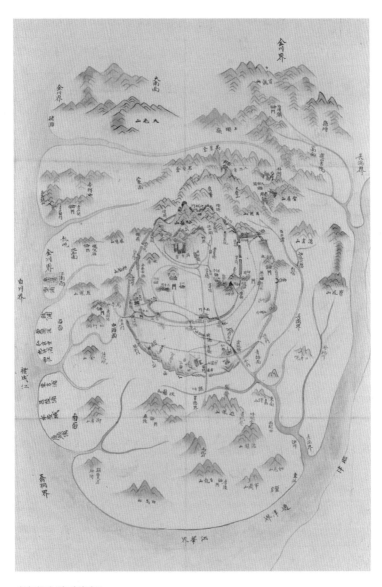

〈광여도〉의 개경전도

있는 수비 측이 압도적으로 유리하다.

　일단 강화도에 상륙한 다음 이곳을 교두보로 삼아 서서히 개경 입성을 도모하자는 전략은 어떨까? 그럴듯하게 들린다. 실제로 1,000년 뒤 병인양요 때 프랑스가, 신미양요 때 미국이 그랬다. 하지만 강화도에는 배를 댈 수 있는 평평한 해안이 많지 않다. 몇 군데 안 되는 평평한 해안을 요새화하면 교두보는커녕 상륙도 힘들다. 이처럼 개경을 거점으로 하면 힘이 있을 때는 강과 바다를 통해 한반도의 여러 지역을 영향력 아래 둘 수 있고, 힘이 빠지면 물러나서 강화도와 교동도를 성벽으로 삼고 물길을 틀어막아 지키고, 설사 물길이 뚫려 상륙을 허용하더라도 산으로 둘러싸인 요새에서 굳게 지킬 수 있다.

　하지만 개경을 근거지로 삼았던 왕건의 마음은 지키는 쪽보다는 뻗어 나가고 교류하는 쪽에 있었다. 사실 70퍼센트가 산악으로 이루어진 한반도에서 산으로 에워싸여 지키기 좋은 자리는 개경이 아니라도 얼마든지 있다. 하지만 지킬 뿐 아니라 뻗어 나갈 수도 있는 자리는 개경, 서울, 평양 정도다. 이곳을 근거지로 삼고 궁을 세운 것에서 왕건의 남다른 포부를 읽을 수 있다.

　실제로 왕건은 송악(삼국시대에 개경을 부르던 명칭)과 아주 멀리 떨어진 나주 일대(당시 명칭은 금성)를 제2의 세력 기반으로 삼았다. 지도를 보면 송악과 금성이 얼마나 멀리 떨어져 있는 곳인지 알 수 있다. 이미 왕건은 지방 세력에 만족하지 않았다. 후삼국 중

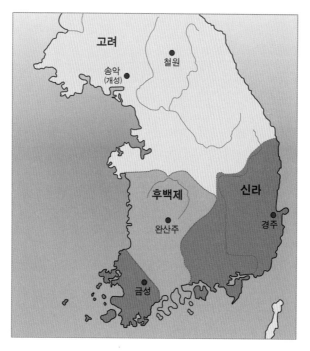

왕건의 송악과 궁예의 철원

하나를 통치하는 데 멈추지 않고 통일왕국을 세우겠다는 포부를 분명하게 드러낸 셈이다.

이런 점에서 왕건과 분명하게 비교되는 사람은 바로 태봉(궁예가 송악에 도읍해 세운 나라로, 905년에 도읍을 철원으로 옮기면서 국호를 후고구려에서 태봉으로 바꿨다)의 궁예다. 궁예는 한때 후삼국에서 가장 큰 나라를 다스렸고 왕건을 휘하에 거느리기도 했지만, 결국 왕위를 빼앗기고 역사의 뒤안길로 사라졌다. 사실 궁예도 다름 아

25

닌 송악에서 왕위에 올랐다. 하지만 얼마 지나지 않아 그는 오늘날의 철원으로 수도를 옮겼다.

철원은 세상에 이런 땅이 또 있을까 싶을 정도로 조건이 좋다. 험준한 산이 겹겹이 둘러싸고 있는 가운데 서울의 몇 배나 되는 넓은 평야가 펼쳐져 있다. 강수량도 풍부하고 한탄강이 그 가운데를 적시며 흘러 농사도 잘된다. 지금도 철원 지역에서 생산되는 쌀은 맛이 좋기로 유명하다. 방어에 유리하면서 농업 생산량도 충분해 잘 먹고 잘살면서 지키기도 좋은 곳이다.

만약 후삼국 중 하나를 꿰차고 작은 권력을 누리며 살아가고자 한다면 이보다 좋을 수 없는 땅이었다. 그러나 한반도의 다른 지역을 모두 통합할 커다란 꿈을 품는다면 이곳은 매우 답답한 지역이다. 철원에 도읍을 정하는 순간, 궁예는 이미 자신이 후삼국 통일의 웅지가 없음을 보여 준 셈이었다.

왕건은 당시 최고의 풍수지리가—어쨌든 지리다—도선대사의 문하에서 공부했다. 신비주의 포장 여부와 관계없이 어쨌든 풍수지리를 공부하면 전국 방방곡곡의 지형을 다 파악할 수 있다. 궁예의 수하 시절, 왕건은 나갔다 하면 승리하는 상승장군으로 명성을 떨쳤다. 그런데 왕건이 특별히 무력이 뛰어나거나 야전 지휘 능력이 뛰어나다는 기록은 없었다. 오히려 역사는 후백제의 건국자 견훤의 막강한 전투력과 신기에 가까운 전술 운용에 관해 기록해 놓았다. 장군으로서 왕건의 힘은 무력이나 지휘력보다는 지리

지식을 잘 이용하는 전략에서 비롯되었을 가능성이 크다.

지리, 혹은 지리라는 필터

물론 왕건이 공부한 지리는 일종의 미신에 가까운 풍수다. 1,000년도 더 지난 아주 옛날의 일이다. 과학은커녕 유교도 널리 보급되지 않았고, 과거 제도도 없던 시절이었다. 일반 백성은 물론 엘리트 관료조차 하늘의 별자리를 보고 길흉화복을 점치고, 천재지변이 일어나면 왕이나 측근 신하의 도덕성을 문제 삼던 그런 시대였다. 그러니 그 시대 사람들에게는 합리적인 설명보다 종교적이고 신비적인 외피를 씌웠을 때 오히려 설득력이 컸을 것이다.

오늘날에도 풍수를 그대로 믿을 필요는 없다. 왕건이 정말 풍수를 믿었는지, 아니면 그런 신비주의를 이용한 것인지도 확인하기 어렵다. 그런데 공교롭게도 풍수에 따라 좋은 땅으로 판명된 곳이 실제로 도읍을 정하거나 궁을 짓기에 좋은 자리인 경우가 많다. 풍수의 원리가 그런 자리를 찾은 것인지, 그런 자리를 먼저 골라 놓고 나서 이론을 나중에 가져다 붙인 것인지 현재로서는 확인할 수 없다.

하지만 어디에 자리를 잡느냐에 따라 이후 나타나게 될 결과가 크게 달라질 수 있다는 것만큼은 1,000년 전이나 지금이나 다름없다. 즉, 지리는 한 나라의 운명, 혹은 방향을 보여 주는 중요한 지표라 할 수 있다. 따라서 지리 혹은 자리라는 필터를 끼우고 바라보면 똑같은 역사적 사실이라도 새로운 이야기, 새로운 관점을 찾아낼 수 있는 것이다.

이제 자리가 운명을 결정한다는 풍수가 널리 알려지기 전, 우리 역사의 사실상 시작이라 할 수 있는 삼국시대로 가 보자. 그 시대 사람들 역시 자리가 가지는 중요성을 알고, 이를 적극적으로 이용하고 있었다는 사실을 체감할 수 있을 것이다.

2장

지리로 읽는 삼국시대

지리의 딜레마, 지리의 분투

지금 우리에게 삼국시대에 관한 이해는 어떤 의미를 가질까?

지리로 읽는
삼국시대

역사 부도를 꺼내 삼국시대 지도를 펼쳐 보자. 먼저 고구려가 가슴을 웅장하게 만들 것이다. 한반도를 훨씬 뛰어넘어 저 멀리 만주 벌판까지 지배하는 고구려의 위용을 보라. 그러면 자연스럽게 이런 생각을 하기 마련이다.

"어째서 고구려가 삼국 통일을 하지 못했을까?"

고구려가 단숨에 삼국을 통일하지 못한 이유

백제와 신라를 합친 것보다도 고구려가 더 크니 충분히 떠올릴 수 있는 생각이다. 하지만 지리의 눈과 약간의 상상력을 보태면 이 수수께끼의 답이 나온다.

먼저 이 시대에는 오늘날처럼 명확한 국경 개념이 없었다는

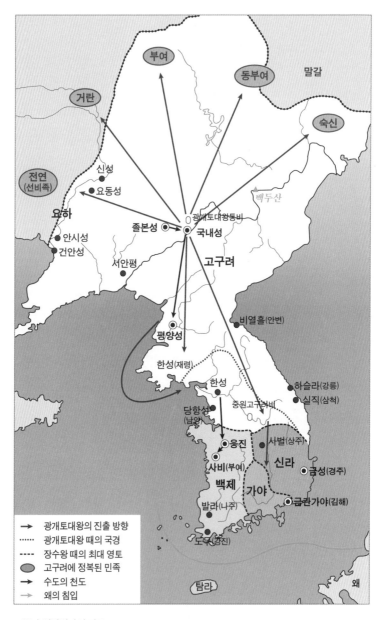

부여

동부여

말갈

거란

숙신

전연
(선비족)

신성

요동성

요하

백두산

졸본성 ● 국내성
광개토대왕릉비

안시성

고구려

건안성

서안평

평양성

비열흘(안변)

한성(재령)

한성

하슬라(강릉)

당항성
(남양)

중원고구려비

실직(삼척)

웅진

사벌(상주)

사비(부여)

신라

금성(경주)

백제

가야

발라(나주)

금관가야(김해)

도무(강진)

탐라

왜

→ 광개토대왕의 진출 방향
······ 광개토대왕 때의 국경
--- 장수왕 때의 최대 영토
⬭ 고구려에 정복된 민족
→ 수도의 천도
→ 왜의 침입

고구려 최전성기의 판도

것을 알아 두자. 그러니 역사 부도에 고구려 영토라고 표시된 것은 영토가 아니라 영향력이 미치는 범위에 가깝다.

또한 그 시대 나라들이 왕이나 정부가 전국을 통제할 수 있는 중앙집권 국가가 아니라는 것도 잊지 말자. 우리나라 역사에서 왕의 통치력이 전국에 골고루 미쳤던 시대는 조선 태종 이후의 일이며, 이전에는 도성에서 멀리 떨어진 곳은 지역 토착 세력이 통치하거나, 토착 세력과 중앙정부 간의 제휴나 동맹관계로 유지되는 경우가 많았다.

그 시대의 교통 수단도 생각해야 한다. 당시 도로 상황과 교통 수단으로는 보통 하루 20~30킬로미터—시속이 아니라 일속으로—정도면 상당히 빠른 속도로 이동하는 것이었다. 지쳐 쓰러질 정도로 강행군을 해도 서울에서 부산까지는 보름 이상 걸리는 거리였다.

그래서 고구려의 전성기에는 국내성, 평양성, 한성 3경을 두고 나라를 나누어 다스렸다. 그런데 3경의 위치가 이상하다. 3경 중 둘이 한반도에 자리 잡고 있고, 다른 하나인 국내성도 사실상 한반도에 붙어 있는 것이나 다름없다. 훗날 고구려 계승을 주장하며 만주 일대를 지배했던 발해와 비교하면 그 차이가 확실하다. 발해는 오히려 한반도보다 동만주 일대에 큰 도성과 주요 행정구역이 몰려 있었다.

여기에 지형을 입혀 보면 더 많은 사실을 추론할 수 있다.

물론 일부 간척이 되거나 강의 방향이 바뀌거나 저수지가 만들어지는 등 변화는 있을 수 있지만, 해발 1,000미터 넘는 산들은 2,000년 전이나 지금이나 그 자리에 그대로 있다.

아무리 드넓은 영토를 가진 나라라도 영토가 온통 높은 산이나 메마른 사막으로 가득하다면 큰 의미가 없으며, 영토가 더 작더라도 평야가 알차게 들어선 나라보다 강하다고 보기 어렵다.

지형으로 파악하는 국가의 흥망성쇠

그렇다면 고구려는 어떨까? 지형도를 보면 흔히 생각하는 것처럼 만주가 '벌판'이 아니라는 것을 확인할 수 있다. 오히려 만주는 험준한 산악 지역이다. 그나마 만주에서 벌판이라 부를 만한 곳은 송화강 중류의 장춘-하얼빈 일대지만, 그곳은 이미 부여가 자리 잡은 곳이다.

요하강 유역과 그 서쪽의 요서 지방 역시 평야 지역이지만 이곳은 한나라 군현이 설치되어 있을 뿐만 아니라, 선비족이 자리 잡은 곳이다. 고구려는 어느 정도 나라의 기틀을 세운 다음에도 한나라(삼국시대 위나라)와 선비족(전연, 후연)의 침략에 시달렸고, 심지어 수도인 국내성이 함락당하는 굴욕을 겪기도 했다(342년). 고구려가 만주 벌판에 세워졌다면 부여나 선비족의 공격에 시달리다가 10년도 못 버티고 휩쓸려 나갔을 것이다.

고구려 시조 주몽은 깊숙한 산속, 오늘날 환런시에 자리 잡은

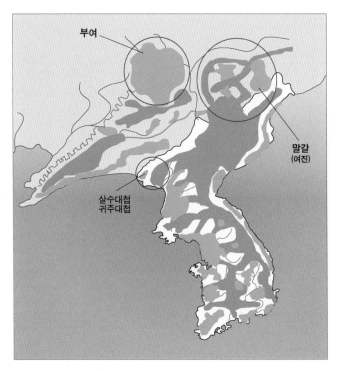

한반도와 만주 일대의 지형도
녹색은 평야, 갈색은 산악 지형을 나타낸다. 지형을 알아야 지도가 제대로 보인다.

졸본에 나라를 세웠다. 주몽의 뒤를 이은 유리왕은 더 깊게 들어가 오늘날의 지안현이 자리 잡은 국내성으로 도읍을 옮겼고, 이후 장수왕 때까지 수백 년간 국내성은 고구려의 근거지가 되었다. 고구려는 만주 벌판 출신 건국자들이 벌판을 떠나 산속으로 들어가 세운 나라다.

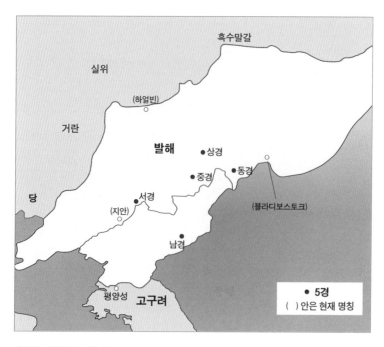

발해의 영역도와 다섯 수도

드넓었던 고구려의 영토가 확 줄어드는 느낌이다. 고구려의 영역에 평지가 거의 보이지 않기 때문이다. 마치 견과류가 두꺼운 껍질 안에 약간의 속살을 담고 있는 것처럼, 두텁고 높은 산속에 졸본과 국내성을 비롯한 분지들이 군데군데 자리 잡은 형국이다.

고구려는 이 분지들에 자리 잡은 크고 작은 정치집단이 연합해 세워진 나라일 것이다. 이 중에는 주몽과 같이 부여에서 흘러온 사람들, 고조선이 한나라에 합병될 때 빠져나온 조선인들, 동만주 일대의 반농·반유목 세력—아마도 말갈(여진)과 관계가 깊을—등이 복잡하게 섞여 있었을 것이다. 『삼국지 위지동이전』에는 유력한 부족 다섯 개를 소개하고 있지만, 실제로는 더 많은 잡다한 부족이 엮여 있었을 가능성이 크다.

이처럼 고구려는 만주 벌판에서 말달리던 세력(부여계 고씨)이 산속으로 들어와 험한 지형을 바탕으로 강한 전투력과 투지를 자랑하던 산악 민족과 함께 세운 나라다. 이들은 전투력은 강했지만 농토가 부족해, 사냥이나 주변 농경국가나 부족 약탈로 부족한 식량을 충당했을 것이다.

이제 선비, 부여, 한의 입장에서 지도를 보면, 이 약탈자가 정말 골칫덩이라는 것을 알 수 있다. 고구려를 토벌하려면 수백 킬로미터의 산길을 완강하게 저항하는 억센 산악 전사들과 싸워 가며 뚫어야 했다. 고구려 수도인 국내성은 이 첩첩한 산 무더기 속 가장 깊숙한 곳에 있다. 토벌군이 여기 도착할 때쯤이면 이미 기진맥진한 상태가 된다. 더구나 험하고 긴 산길에서 보급이라도 끊어지면 산 무더기 가운데서 포위되어 섬멸될 위험마저 있었다.

그래서 위나라나 전연은 수도 국내성을 함락시키고도 고구려를 합병하거나 직접 통치하는 대신, "이만하면 충분히 혼이 났겠지?" 하는 태도만 보여 주고 서둘러 퇴각했다. 신생국 시절 고구려는 갑옷을 겹겹으로 입은 어린아이와 같았다. 주변에 있는 중학생, 고등학생들이 세게 때려서 혼내 줄 수는 있었으나 완전히 굴

복시킬 수는 없었다.

그런데 사람이 늘 어린 시절에 머무르지 않듯이, 국가도 건국기-발전기-쇠퇴기를 거친다. 두꺼운 갑옷을 입은 어린아이는 주변의 형이나 어른들로부터 자기를 지킬 수 있지만, 어른이 되어서도 이렇게 입고 다니면 동작이 굼뜨고 답답해서 제대로 일할 수 없다.

고구려의 진격과 패배

고구려 역시 성장하면서 넓은 농토를 확보하기 위해 요동 바깥으로 나가야 했다. 그 순간 고구려를 침략한 적을 괴롭힌 수백 킬로미터의 산길이 마찬가지로 고구려를 괴롭혔다. 두터운 산길에서 뛰쳐나가 만주 벌판에서 부여와 선비, 그리고 거란을 무찌를 수는 있다. 하지만 그곳을 고구려 영토로 만들어 다스리는 것은 어렵다. 새 영토와 도성 사이에 수백 킬로미터의 산길이 벽을 치고 있기 때문이다.

그래서 고구려는 일찌감치 확장 방향을 만주 쪽이 아니라 한반도로 돌렸다. 당연한 선택이다. 국내성 위치만 봐도 확인할 수 있다. 국내성은 만주 벌판을 향해 뻗어 가기보다는 만주 벌판에서 최대한 자신을 지키는 위치다. 오히려 국내성에서 뻗어 나갈 방향은 만주 벌판이 아니라 한반도다.

그런데 대동강-황해도 일대의 넓은 평야 지역은 한나라 세력

고구려 요동 방어선(오골성, 현재 중국 영토)의 험준한 산악 지형

인 낙랑이 이미 차지하고 있었다. 고구려가 그저 그런 산악 부족 국가로 끝나느냐, 제대로 꼴을 갖춘 나라가 되느냐는 바로 이 한 나라 세력으로부터 낙랑을 획득할 수 있느냐에 달려 있었다.

결국 고구려는 낙랑을 물리치고 이 지역을 차지하는 데 성공했다. 『삼국유사』에 나오는 자명고 전설은 그 과정이 순탄치 않았음을 보여 준다. 고구려의 왕자 호동이 낙랑 태수의 딸을 유혹해 낙랑의 가장 중요한 전략 자원인 자명고를 파괴하도록 한 이야기는 아무리 봐도 씩씩한 고구려 전사에게는 어울리지 않는 치사한 방법이다. 고구려가 이런 방법을 써야 겨우 승리할 수 있었다는

수레를 호위하는 무사 행렬(위)과 새 깃이 달린 모자를 쓰고 말달리는 씩씩한 고구려 무사들(아래)의 모습

전설이 나온 것은 그만큼 낙랑의 세력이 강했고, 고구려로서도 나라의 미래를 건 필사적인 싸움을 했다는 방증이다.

낙랑을 획득함으로써 고구려는 성장할 수 있는 방향을 찾았다. 북쪽을 튼튼한 갑옷으로 보호한 뒤 남쪽의 부드러운 평야 지역으로 뻗어 나가는 것이다. 고국원왕(재위 331-371년)은 나라의 거점을 국내성에서 평양으로 옮겼다. 학교에서는 광개토대왕이 북쪽으로 영토를 엄청나게 넓혀 그 아들 장수왕이 남쪽으로 방향을 틀어 남진정책을 펼쳤다고 배우는 경우가 종종 있다. 하지만 고구려는 장수왕의 고조할아버지 때부터 이미 남진정책을 추진하고 있었다.

고국원왕이 평양으로 고구려의 거점을 옮기고 남진정책을 펼치면서 백제와의 충돌은 기정사실이 되었다. 그런데 당시 백제의 왕은 근초고왕, 알다시피 백제 역사상 최고의 정복군주다. 하필 이때 고구려 고국원왕이 대군을 이끌고 남진을 개시한 것이다. 고구려군은 빠른 속도로 황해도를 지나 오늘날의 경기도까지 밀고 내려왔다. 고구려가 백제의 수도인 위례성(오늘날 서울의 한강 일대)을 노리는 위치까지 온 것이다.

백제는 근초고왕이 직접 군대를 몰고 올라갔고, 마침내 예성강(현재의 황해도 일대)에서 두 나라가 왕 대 왕으로 격돌했다. 여기서 근초고왕이 고구려군을 격파하고 남진을 막았다. 그런데 근초고왕 역시 정복군주답게 고구려의 남진을 막은 것에 만족하지 않

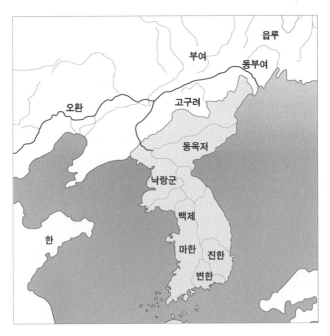

원삼국시대의 고구려
삼국이 아직 정립되기 전 여러 부족국가의 동맹 시기다.

고 북진했다. 경기도까지 남진했던 고구려군은 오히려 쫓기고 쫓기기를 거듭하다가 황해도를 다 내주고 평양에서 포위당하는 신세가 되었다.

이 평양 공방전에서 고구려는 참담한 패배를 맛보았고 고국원왕까지 전사했다(371년). 고국원왕의 아들 소수림왕은 간신히 패전을 수습해 국내성으로 돌아갈 수 있었지만, 반격은 꿈도 못 꿀 일이었다.

백제의 딜레마와 선택

고구려를 격파한 백제는 당시 동아시아의 강대국으로 군림했다. 백제는 영토의 넓이는 고구려보다 훨씬 작지만 지형을 고려해 보면 결코 작은 나라가 아니었다. 그야말로 강과 평야의 나라였기 때문이었다. 백제는 한강을 기반으로 김포평야, 평택평야 일대를 근거지로 세워진 나라로, 이후 마한을 합병하면서 금강에서 만경강에 이르는 논산평야, 예당평야, 호남평야까지 줄줄이 꿰찼다. 여기에 고구려를 격파하고 황해도 일대의 은율평야, 재령평야까지 차지했으니 한반도에서 이름 좀 붙은 평야는 김해평야 하나 빼고 다 차지한 것이다. 당연히 삼국 중에서 가장 큰 농업 생산력과 인구를 자랑했다.

하지만 백제 역시 고민거리가 있었다. 상대적으로 철 생산지가 부족했다. 철은 당시 농기구와 무기의 원료였기에 경제와 국방의 핵심 자원, 그야말로 전략 자원이었다.

당시 한반도의 3대 철 생산지는 황해도 재령 일대, 충청북도 충주 일대, 그리고 경상남도 김해 일대였다. 이 중 김해 일대는 이미 금관가야가 차지하고 있었다. 한강을 근거지로 하는 백제가 도모하기에는 너무 멀었고, 금관가야 자체도 만만한 상대가 아니었다. 충주 일대는 소백산맥을 사이에 두고 신라와 마주하고 있어 안정적으로 철을 확보하기가 어려웠다. 신라가 걸핏하면 건너와서 영유권을 다투었기 때문이다.

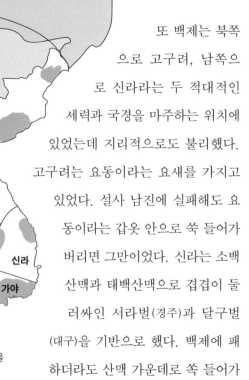

또 백제는 북쪽으로 고구려, 남쪽으로 신라라는 두 적대적인 세력과 국경을 마주하는 위치에 있었는데 지리적으로도 불리했다. 고구려는 요동이라는 요새를 가지고 있었다. 설사 남진에 실패해도 요동이라는 갑옷 안으로 쑥 들어가 버리면 그만이었다. 신라는 소백산맥과 태백산맥으로 겹겹이 둘러싸인 서라벌(경주)과 달구벌(대구)을 기반으로 했다. 백제에 패하더라도 산맥 가운데로 쑥 들어가면 됐다. 반면 백제는 들어가 숨을 곳이 없었다. 평양에서 서울까지는 이렇다 할 험한 지형 없이 평지로 쭉 이어진다.

고구려

신라

백제

가야

삼국시대 철 분포
고구려와 가야가 철 부자임을
알 수 있다.

고구려, 신라뿐 아니라 말갈족도 문제였다. 여진족, 만주족의 조상인 말갈족은 오늘날의 함경도 일대에서 동만주에 걸쳐 살고 있던 부족이다. 지도를 보면 저 일대에서 백제까지 가는 길은 첩첩산중이다. 하지만 이 구역에는 추가령구조곡(원산-서울을 잇는 북동-남서 방향의 단층대)이라는 골짜기가 마치 뚜껑 없는 터널처

44

백제의 철제 무기
둥근 고리 형태의 손잡이를 가진 칼로, 실제 사용하는 무기이면서 소유자의 신분을 상징했다고 한다.

럼 쭉 이어져 있었다. 임진왜란 때 가토 기요마사가 이 길을 따라 올라가 순식간에 저 북쪽의 함경도 일대까지 침공했고, 지금은 경원선 철도가 깔려 있는 곳이다. 1,800년 전에 말갈족 역시 이 천연 터널을 통해 원산-서울 구간을 순식간에 주파했다.

평양에서 고구려를 격파한 근초고왕이 대동강을 넘어 북진하지 않고 황해도 일대를 확보하는 정도로 마무리한 이유를 이제 짐작하겠는가? 왕과 주력부대가 멀리 떨어진 북쪽까지 올라갔을 때 신라가 충주를 통해, 말갈이 추가령을 통해 침공한다면 백제는 옆구리가 끊어진다. 이때 고구려가 반격한다면 그야말로 독 안에 든 쥐가 되어 버리는 것이다. 강과 평야가 풍부하다는 것은 백제에 경제적으로 매우 유리한 조건이었지만, 군사적으로는 상당한 약점이었다.

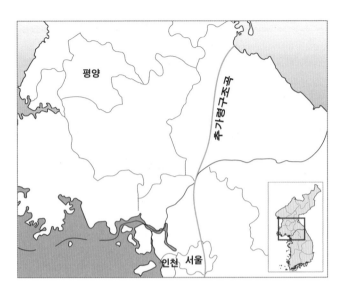

원산에서 시작해 서울을 거쳐 서해안에 도달하는 통로인 추가령구조곡

결코 약하거나 만만하지 않았던 신라

신라는 삼국 중에서도 학생들에게 별로 인기가 없다. 아마 다음 두 가지 이유 때문일 것이다.

1. 당나라 등 외세를 끌어들였고, 만주 벌판을 우리 역사에서 날려 버리고 말았다는 오명.
2. 진흥왕 이전까지 고구려, 백제 사이에서 이리저리 당하기만 했다는 허약하고 지질한 이미지.

하지만 신라는 그렇게 허술한 나라가 아니었다. 문화적으로 뒤떨어지지도, 군사적으로 허약하지도 않았다. 화랑도가 만들어 져 전사들이 등장한 것이 아니라, 전사 문화가 널리 퍼져 있었기 때문에 화랑도가 만들어진 나라였다. 삼국시대 초기에는 백제와 대등하고 치열하게 다투었다. 신라군이 백제의 수도 위례성 근처 까지 치고 들어간 경우도 여러 차례였다.

신라는 진한을 이루고 있던 여러 나라 중 하나인 사로국에서 출발한 나라다. 이 시대를 3한이 있었다 해서 원삼국시대로 부르 는데, 사실 마한, 진한, 변한은 나라가 아니었다. 이들은 각각 수 십 개 부족국가의 느슨한 연맹으로, 맹주 역할을 하는 나라가 있 기는 했지만 큰 영향력은 없었다. 오늘날의 유럽연합이나 아세안 을 하나의 나라로 볼 수 없는 것과 마찬가지다.

분지와 바다 사이에서 분투해 온 신라

삼한 중에서도 진한은 결속력이 특히 더 약했다. 진한의 자리 는 소백산맥(백두대간)과 태백산맥(낙동정맥)에서 뻗어 내린 크고 작은 산들로 가득했다. 이 산들 사이를 지류가 많은 낙동강이 꼬 불꼬불 흐르면서 크고 작은 분지가 포도송이처럼 형성되었고, 이 분지마다 크고 작은 부족국가가 세워졌다. 마한이나 변한에 비해 정치적 통합을 이루기가 더 어려운 조건이었다.

그나마 좀 더 유리한 조건의 분지들이 있었는데, 오늘날 대구 일대의 넓은 분지인 달구벌, 그리고 사로국(신라)이 자리 잡은 오늘날 경주, 포항, 울산 일대의 넓은 분지 서라벌이다. 진한 자체도 산속에 촘촘히 박혀 있는 부족국가의 연합인데, 서라벌은 그 진한의 다른 나라들과도 산맥 하나를 넘어 뚝 떨어져 있었다.

이렇게 두메산골을 사이에 두고 고구려나 백제와 떨어져 있었기 때문에 신라는 비교적 안전하게 성장할 수 있었다. 고구려나 백제가 여기까지 오려면 백두대간을 넘고, 두메산골을 지나 다시 태백산맥을 넘어야 했다. 힘들게 쳐들어와서 정복하더라도 관리가 안 된다.

바다 쪽에서 들어오기도 어려웠다. 동해안은 경사가 급하고 파도가 거세며, 항구로 삼을 곳이 많지 않다. 서라벌 근처에 배를 댈 만한 곳은 포항과 울산 정도인데, 이곳에서 서라벌로 가는 길은 산으로 둘러싸여 마치 항아리 입구 같은 모양을 하고 있다. 따라서 포항이나 울산으로 상륙한 적군은 이 항아리 입구를 통해 들어와야 하는데, 당연히 지키는 쪽이 들어오는 쪽보다 훨씬 유리했다.

이 항아리를 통과하면 여태까지 지나온 길과 너무나 다른 드넓은 평야, 서라벌이 펼쳐진다. 경상북도 지역은 물론, 한반도 전체에서 이 정도로 넓은 분지는 많지 않다. 더구나 이 분지를 차지하고 있는 세력은 항아리 입구를 막아 놓고 자신들은 울산, 포항이라는 항구를 통해 바다로 드나들 수 있다.

산으로 둘러싸인 경상북도 안에서도 다시 산으로 포위되어 있

고, 그런데도 제법 평야도 넓고 농사도 잘되
고, 해산물도 쉽게 구할 수 있는 절묘한 자리
를 기반으로 사로국은 동해안에 있는 다른 부
족국가보다 유리한 위치에 서게 되었다. 또
한 이들을 하나하나 합병해 남북으로 길쭉한
모양으로 성장했다. 그다음은 산맥을 넘
어 경북 내륙 지역의 다른 나라들을 합
병할 차례였다.

산악을 방패로 삼아 분지를 지키는
나라들은 대체로 전투적이다. 이런 나라들
을 하나하나 합병했다는 것은 그만큼 사로국의
전투력이 강하고 기질이 전투적이었다는 뜻이다. 대신
고구려, 백제에 비해 신라가 맞선 각 부족이나 지역
세력의 자율성 또한 강했을 것이다. 신라가 고구려,
백제에 비해 허약하게 느껴진 것은 이 부족들, 지역
세력들이 하나로 단결하지 못했기 때문일 가능성이
크다.

신라의 말머리 가리개와 출토된 장식보검
전투에서 말머리를 보호하기 위한 것으로 방어용 무구(武具)에 속한다.
서아시아 계통으로 보이는 보검은 신라와 북방 유목민족의 관계를 보
여 준다.

49

문무대왕릉
신라 30대 문무왕의 무덤은 동해안에서 200미터 떨어진 바다에 있는 수중릉으로, 용이 되어 신라를 지키려는 문무왕 무덤의 지역 설화로 남아 있다.

문무왕비
비문 내용은 부분적으로 마모되어 전문 판독은 불가능하지만, 대체로 앞쪽은 신라에 대한 찬양, 신라 김 씨의 내력, 무열왕의 치적, 문무왕의 업적 및 백제 평정에 관한 것이다.

그런데 지금까지의 이야기는 지형을 근거로 한 상상이다. 부여계라고 명시된 고구려, 백제와 달리, 신라의 기원에 관해서는 정확하게 알려진 것이 적다. 신라인은 스스로는 자신들을 '흉노의 한 갈래'라고 주장했다. 삼국을 통일한 문무왕은 아예 김씨 왕가의 조상을 흉노의 왕자 김일제라고 주장하기도 했다(문무왕비). 이러한 기록을 사실로 받아들일 필요는 아직 없다. 하지만 신라인이 북방 유목민족과 관련이 깊은 것만은 분명하다. 역사적으로 북방 유목민족은 언제나 강한 전투력과 용맹함으로 유명했다. 신라인도 크게 다르지 않았을 것이다.

하지만 신라는 고구려, 백제에 비해 강국이 될 조건이 부족했다. 백제 같은 농업 생산력을 가진 것도 아니고, 고구려같이 전략 자원인 철이 풍부한 것도 아니었다. 한반도 남쪽의 주요 철 생산지는 백제와 금관가야의 영토였다. 당시 백제는 고구려를 무찌를 정도의 강대국이었고, 금관가야는 한때 신라인에게는 공포스러운 적국이었다.

신라는 부족한 자원을 무역으로 해결하기도 어려웠다. 동해안은 항구가 발달하기 어려운 지형이다. 당시 물산이 풍부한 중국과 교역하려면 가야와 백제의 바다를 거쳐 가야 했는데, 비용도 많이 들 뿐 아니라 때로는 심각한 방해를 받기도 했다. 이러니 한반도의 다른 나라들보다 발전 속도가 느릴 수밖에 없었다. 고구려, 백제가 중국의 남북조와 활발하게 교류하고 있을 때 신라는 동쪽 바

마한, 진한, 변한 지도

다를 통해 말갈, 왜 등과 교류할 뿐이었다.

　신라는 초기에는 그 용맹성의 힘으로 고구려, 백제에 절대 밀리지 않았지만, 국력은 용기만으로 유지되지 않는다. 시간이 갈수록 신라는 고구려, 백제, 금관가야에 비해 점점 뒤처졌을 것이다. 왜(일본)에 걸핏하면 당했다고 폄하되기도 하는데, 당시의 일본을 미개한 나라로 보면 안 된다. 일본은 백제, 금관가야와 밀접하게 교류하고 있었기 때문에 결코 신라에 뒤떨어지지 않았다.

　그런데 이렇게 고립되어 있던 신라에 숨구멍을 열어 준 사람은 뜻밖에도 신라인이 아니다. 바로 고구려의 광개토대왕이다. 이게 어떻게 된 일일까?

경주 고지도

사방이 산으로 둘러싸인 분지 평야의 모습을 보여 준다.

신라의 판갑옷
현재까지 한반도에서 발견된 갑옷 중 가장 이른 시기의 것 중 하나로 영남 지방에서 고대국가 간의 경쟁이 치열해진 시기에 등장했다.

배를 타고 나타난 광개토대왕

광개토대왕(재위 391-412년)은 우리나라 역사상 가장 유명한 정복군주다. 백제 근초고왕 역시 정복군주였지만 우리가 같은 민족이라고 생각하는 고구려와 마한을 정벌한 반면, 광개토대왕은 한반도 너머의 넓은 영토를 정복했다는 점 때문에 그 인기가 비교가 안 될 정도로 크다. 그래서일까? 광개토대왕의 이미지는 언제나 만주 벌판을 말달리며 여러 이민족을 복종시키는 모습으로 나타난다.

웅장한 가슴을 잠시 접고 지리의 눈을 떠 보자. 고구려 입장에서는 말을 어느 쪽으로 달리는 것이 가장 유리할까? 만주 벌판을 말달리며 유목민족을 정복할까? 아니면 남쪽으로 내려가 백제를 공격할까? 답이 바로 나온다. 남쪽이다. 왜?

1. 고구려는 요동이라는 갑옷을 입고 있다. 만주 벌판으로 간다는 것은 두꺼운 갑옷을 벗는다는 뜻이다. '만주 벌판'이라

는 말이 괜히 나온 말이 아니다. 방어 거점으로 삼을 만한 것이 없는 드넓은 평지에서 부여, 거란, 선비, 돌궐, 중국과 힘겨루기를 해야 한다. 아무리 용감하다 해도 인구가 적은 고구려가 이기기는 어렵고, 이긴다 하더라도 지키고 관리할 수 없다.

2. 북방 유목민족을 상대해야 하는 어려움 때문이다. 유목민족은 영토 개념이 없어서 정복하기 어렵다. 위력을 보여 제압할 수는 있지만 그들의 영역을 영토로 삼을 수는 없다. 유목민족 간의 전쟁은 영토를 빼앗는 것이 아니라, 가축과 자원을 약탈하는 것이다.

아무리 봐도 만주 벌판을 말달리는 일은 그리 입맛 당기는 일이 아니다. 광개토대왕은 시종일관 남쪽을 노렸다. 이미 광개토대왕의 아버지인 고국양왕 때 고구려는 북쪽의 선비족과 싸워 요동 방어선을 확실하게 한 뒤 남쪽으로 내려가 백제와 싸웠다. 낙랑을 멸망시키면서 발을 들여놓았지만 결국 백제에 빼앗겨 버린 낙랑의 알짜배기 땅, 해주에서 한강에 이르는 넓은 평야를 차지하기 위해서다.

광개토대왕이 왕위를 물려받자마자 제일 먼저 한 일도 백제를 공격한 일이다. 물론 광개토대왕은 만주 벌판에서 여러 민족과 싸웠다. 목표가 한반도라면서 만주 벌판은 왜? 남쪽으로 계속 내려가기 위한 준비작업이다. 고구려가 백제를 밀어내려면 전력을 기울여야 한다. 그러려면 북쪽이 안정되어야 한다. 그래서 고국양왕, 광개토대왕 모두 만주 벌판에서 거란이나 선비족을 자주 정벌했지만, 요동이라는 범위를 넘어서까지 영토를 넓히지는 않았다.

만주 벌판을 정벌한 또 다른 이유는 말이다. 고구려의 장기는 기마술과 궁술인데, 공교롭게도 말과 뿔(활의 재료)은 모두 고구려에서 구하기 어려운 것들이다. 훌륭한 말을 얻으려면 몽골 초원의 부족들과 교역망을 튼튼하게 확보해야 한다. 또 고구려가 사용했던 강력한 복합궁(맥궁이라 불렸다)의 원료는 소뿔인데, 활 두 개를 만드는 데 소 세 마리가 필요하다. 고구려는 그렇게 많은 소를 키우지는 못했고, 가축을 많이 키우는 유목민족과의 교류가 매우 중요했다. 그래서 만주 벌판을 말달리며 북쪽을 안정시킨 광개토대왕은 내친김에 대륙으로 더 밀고 나가는 대신, 싸움에 필요한 물자와 변경의 안전을 확보한 뒤 남쪽으로 방향을 틀었다.

여기서 광개토대왕은 놀라운 발상의 전환을 했다.

"배를 타고 백제의 수도를 친다."

국내성은 압록강 중류에 있다. 거기서 배를 타고 압록강을 내려가 서해안을 따라 조금만 돌면 바로 대동강을 통해 평양으로 들어간다. 지도상의 거리는 육로의 두 배쯤 되어 보이지만 실제 이

광개토대왕 영토확장전쟁 기록화
즉위 초부터 대규모 정복 사업을 계획해 고구려군을 이끌고 요동, 거란, 숙신을 차지했고, 남으로는 한강 이북 지역까지 확장했다.

동에 걸리는 시간은 훨씬 짧고, 수송 가능한 병력과 물자는 훨씬 많다. 또 여기서 서해안을 따라 한강 하류로 진입하면 백제의 수도 위례성까지 단숨에 진격할 수 있다. 만약 고국원왕의 남진 전쟁 때 해군이 서해안을 따라 함께 내려갔다면 근초고왕에게 일격에 격파당하지 않을 수도 있었다.

문제는 백제가 해상 세력이라는 것이다. 애초에 고구려와 같은 부여 계통인 백제인이 고구려인보다 훨씬 먼 거리를 이동해 뜬

금없이 한강 유역에 나타난 것도 이들이 처음부터 해상 세력이었을 가능성을 보여 준다. 당시 백제에 서해 바다는 앞마당 연못이나 다름없었다. 그런데 고구려는 산악민족이었다. 험한 산길에서 말달리고 활 쏘는 것을 하루 이틀에 배울 수 없다. 마찬가지로 배를 조종하고, 물길을 읽어 가며 바다 위에서 싸우는 능력 역시 하루 이틀에 배울 수 있는 것이 아니다.

하지만 고국원왕 시대부터 상당한 시간이 지났다. 낙랑의 기술과 인력을 소화하고 흡수하기에는 충분한 시간이었다. 광개토대왕 즉위 무렵에는 고구려 역시 적지 않은 수군 병력과 해상 기술을 습득했을 것이다. 광개토대왕이 배를 어떻게 만들었고, 수군을 어떻게 육성하고 훈련했는지 기록이 있으면 아주 재미있겠지만, 안타깝게도 상세한 기록은 남아 있지 않다. 하지만 예상과 달리 고구려와 수군이 그리 어색한 조합이 아니었을 가능성도 있다. 광개토대왕보다 약 300년 전인 미천왕 때 이미 낙랑 공격에 수군을 활용했다는 주장도 있다. 그렇다면 의외로 고구려 역시 해상 세력이었을 가능성도 배제할 수 없다.

어쨌든 광개토대왕이 대규모 함

광개토대왕명 청동그릇
경주 호우총에서 출토된 광개토대왕 추모의 뜻이 담긴 그릇이다. 신라 사신이 고구려에서 이 그릇을 받아 왔다고 추정한다.

대를 편성한 것은 사실이다. 이 함대는 국내성에서 압록강을 따라 내려온 뒤 서해안을 따라 평양에 도달했다. 물론 그러려면 발해만 일대의 제해권을 놓고 백제와의 해전이 불가피하다. 안타깝게도 이 해전에 대한 기록은 남아 있지 않지만, 고구려가 승리했을 것이다. 이로써 국내성과 평양 사이가 물길로 원활하게 연결되었다.

서해와 한강으로 진출한 고구려 함대

광개토대왕은 육군은 평야 지역을 통해 빠르게 남진하게 하고, 대동강에서 출항한 함대는 한강 하구에서 거슬러 올라가며 백제의 수도 위례성을 노리는 양동작전을 펼쳤다. 이렇게 되면 백제는 남진하는 고구려 육군을 쉽게 요격할 수 없다. 백제는 먼저 한강 하구로 진출하는 고구려 수군을 격파해야 했는데, 이 싸움이 바로 『삼국사기』에 기록된 관미성해전이다.

옛날 역사책은 이런 전투 기록을 그저 어디를 쳐서 이겼다, 졌다 수준으로 간단하게 기술하는 경우가 많아 이 전투가 어떻게 이루어졌는지는 물론이고, 백제의 관미성이 어디인지도 기록해 놓지 않았다. 그저 지리의 눈으로 짐작할 뿐이다. 예상되는 후보지는 강화도 북부 지방이나 교동도 혹은 파주시 오두산 일대다.

강화도는 이때뿐 아니라 무려 1,500년이 지난 다음에도 한강을 거슬러 올라가 서울을 치려던 프랑스, 미국 등 외국 세력 모두

가 교두보로 삼으려 했던 요충지다. 그러니 한강을 기반으로 하고, 한강변에 도성을 지은 백제는 강화도 언저리에 수많은 성을 쌓고 튼튼하게 방어했을 것이다. 오두산은 임진강 하구와 한강 하구가 만나는 곳으로 주요 간선도로 두 개가 교차하는 곳이나 마찬가지다. 여기를 고구려에 내주면 백제는 한강 이북의 영토를 완전히 포기해야 한다. 최근에는 오두산 쪽이 점차 정설로 받아들여지고 있다. 그렇다면 고구려 해군이 강화도-교동도 라인을 돌파해 들어왔다는 뜻이다.

국운을 건 전투였기 때문에 백제는 끌어쓸 수 있는 가능한 모든 동맹국의 힘을 총동원했다. 멀리서부터 왜와 금관가야까지 이 싸움에 가세했다. 특히 금관가야가 적극적이었다. 금관가야가 왜 이렇게 멀리까지 왔을까? 백제가 무너지면 바로 다음 차례가 금관가야라고 느꼈을 것이라는 추측이 가능하다. 단순히 지도상으로는 다음 순서가 신라일 것처럼 보이지만, 산맥을 넘어가야 하는 고슴도치 신라보다는 남해안의 평야와 바다를 통해 수륙 병진이 가능한 금관가야가 실질적으로는 더 가깝다.

이렇게 국제전 양상으로 흘러간 관미성해전에서 광개토대왕은 백제-금관가야-일본 연합군을 격파하고, 한강과 임진강 하구의 관문을 차지했다(392년). 백제는 큰 위기를 맞이했다. 이곳을 돌파한 고구려 함대는 임진강을 따라 남진하는 육군의 보급로를 확보하고, 한강 하구로 진입해 수도까지 밀고 들어올 수 있기 때

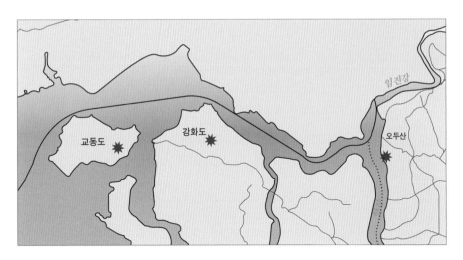

서해안-한강 주변 지형도
붉은 표시는 관미성해전 지역으로 짐작되는 곳들이다.

문이었다. 당시 백제의 수도인 위례성은 오늘날 서울의 한강 유역, 즉 풍납동-천호동 사이다. 일단 한강 입구가 뚫리면 강물을 따라 밀려오는 적군을 막을 방법이 없다. 더구나 북쪽에서는 고구려 육군이 그야말로 말달리며 내려오고 있었다.

당시 한성(위례성)을 지키는 병력은 충분하지 않았다. 백제는 고구려의 주력부대가 기병을 중심으로 임진강을 건너올 것이라고 예상했고, 주력부대를 모두 북쪽으로 보냈다. 근초고왕이 고국원왕을 요격할 때와 같은 상황으로 본 것이다. 그런데 고구려가 배를 타고 바로 한강으로 찌르고 들어오니, 백제는 허리가 끊어졌다.

이 위기 상황에서 백제는 내분까지 일어나 아신왕이 진서왕을 죽이고 왕위를 차지했다. 아신왕은 관미성을 되찾기 위해 3년여에 걸쳐 끈질기게 고구려를 공격했으나 번번이 패하고 결국 고구려 해군이 한강을 거슬러 올라와 위례성 앞에 당도하자 항복할 수밖에 없었다(396년). 이로써 고구려는 요동반도에서부터 경기만 일대까지의 제해권과 한강 이북의 넓은 평야 지대를 확보하게 되었다.

이제 광개토대왕이 북쪽을 모두 평정했기 때문에 장수왕이 남쪽으로 확장을 선택한 것이 아니라는 것이 분명해졌다. 고구려는 장수왕 한참 이전, 그 증조할아버지인 고국원왕, 아니 그 이전의 미천왕 때부터 평양을 중심으로 하는 나라를 기획하고 있었고, 광개토대왕이 서해 제해권을 장악함으로써 이를 완성할 수 있었다. 그래도 이해가 안 가면 위성 사진으로 국내성이 있었던 지안현과 오늘날의 평양시를 비교해 보자. 국내

광개토대왕비
현재 중국 지린성에 있으며 광개토대왕의 훈적을 기리기 위한 것이다. 아들인 장수왕이 세웠으며, 4세기 말에서 5세기 초에 걸쳐 고구려의 영토확장 과정과 동북아시아 정세를 보여 주는 유적으로 평가받는다.

성은 두터운 갑옷 안에서 완강하게 스스로를 지키는 나라에 어울리는 도읍이다. 반면에 평양은 바다와 육지를 통해 뻗어 나가려는 나라에 어울리는 도읍이다. 광개토대왕이 한강 이북의 영토를 확보한 순간, 이미 고구려의 도읍은 평양으로 정해진 것이나 다름없었다.

이렇듯 지리는 역사를 새롭게 해석하는 눈을 준다. 2차원 평면을 뛰어넘어 지형을 인식했을 때 역사 속 나라들의 강점과 약점을 구체적으로 현실 공간 속에서 간파할 수 있다. 고구려, 백제, 신라, 가야의 지리를 입체적으로 들여다보면 각 나라의 흥망성쇠를 가늠하기가 수월해진다. 역사 속 유명한 왕들의 선택 또한 말이다. 지리의 관점으로 당시 고구려, 백제의 정치적 선택을 살펴보고, 이후 삼국을 통일한 신라의 힘을 추측해 보면 더욱 역사가 흥미롭게 다가올 것이다.

3장

지리로 '영끌'하며 버린 고려

최악의 지정학을 번영의 바탕으로

최악의 지정학적 자리, 고려는 어떻게 승리를 이끌어 낼 수 있었나?

자, 이제 다시 고려로 가 보자. 고려 역사는 의외로 독특하고 낯설다. 연애가 성행한 자유분방한 분위기, 유교 사회의 관점으로는 생각하기 어려운 화려한 문화와 상업, 중국에 대해 사대하지 않고 당당하게 맞선 자주적인 기상, 우리 역사에서 가장 많은 외침에 시달리면서도 무너지지 않고 버틴 항쟁의 나라……

고려의 이런 독특한 모습은 어디에서 비롯된 것일까? 이제 지리의 눈으로 고려시대를 바라보자.

불안한 지정학적 위치

고려는 우리나라 역사상 그 어느 왕조보다도 지정학적인 조건이 나빴다. 고려가 세워진 시절은 당나라를 중심으로 한 동아시아의 질서가 무너진 일대 혼란기였다. 그 이전까지 동아시아는 신라, 발해, 거란, 일본이 압도적인 국력을 가진 당나라를 중심으로 일종의 팍스 시니카(Pax Sinica, 중국이 지배하는 세계 평화체제)를 이루고 있었다.

그러나 민란을 계기로 막강하던 당나라 황실이 무너지면서 중국은 5대 10국이라는 일대 혼란기로 접어들었다. 중국이 혼란기로 접어들 때 한반도 역시 백제와 고구려를 무너뜨리고 한반도를 통일한 신라 왕실의 힘이 약해지면서 호족들이 난립하고 이들이 이합집산하면서 후삼국시대로 진입하고 있었다.

이후 송 태조 조광윤이 5대 10국의 혼란기를 통일하고 송을 세웠지만, 송은 문약한 나라로 팍스 시니카를 되살릴 능력이 없었다. 결국 과거 당제국이 복속시켰던 여러 민족이 모두 중국의 영향력에서 벗어나 독자적인 나라를 세웠다. 북쪽의 요(거란족), 동쪽의

고려의 정교한 예술미를 보여 주는 금동관음보살좌상과 은제도금소병

68

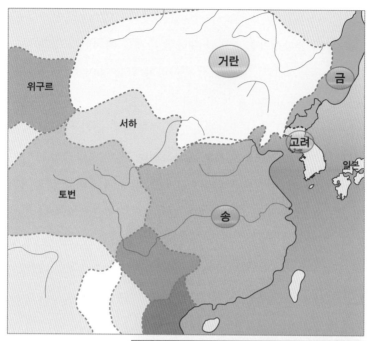

동아시아 최강대국 거란
(요)의 판도와 그 문화 수준
을 보여 주는 수월관음상

금(여진족), 서쪽의 서하(탕구트족), 남쪽의 티베트(토번족)에 이르기까지 당시 동아시아는 중국과 대등한 관계를 자처하는 황제의 나라들이 우글거렸다. 고려 역시 송나라와 왕실 용어, 관직 등급을 동등하게 사용하면서 황제의 나라를 자처했다.

이들 나라 중 당시 동아시아에서 가장 강한 나라는 중국인 송나라가 아니라, 거란족이 세운 요나라였다. 흔히 오랑캐라고 깎아내리기 쉽지만, 거란은 문화적으로 고려나 송에 절대로 뒤떨어지지 않았으며, 뛰어난 철기 기술과 기마술을 기반으로 가공할 만한 기병 전력을 자랑하고 있었다. 거란은 연운 16주(오늘날 베이징 일대)를 획득함으로써 며칠 만에 송나라 수도인 개봉까지 진격할 수 있는 거점을 확보했다. 당시 송은 고려를 돕는 것은 고사하고 스스로를 보존하는 것도 힘겨운 처지였다. 그렇다고 거란이 송과 전면전을 통해 단숨에 합병할 수 있는 상황도 아니었다. 거란의 등 뒤에 있는 고려와 여진의 힘 또한 만만치 않았기 때문이다.

고려 입장에서는 경제와 문화라는 측면에서는 송과의 관계가 매우 중요했지만, 강력한 거란과 국경을 마주한 상황에서 이는 쉬운 선택은 아니었다. 당시 거란은 문약한 송보다는 고려를 더 껄끄러운 상대로 생각했다. 용맹한 발해 세력을 흡수했을 뿐 아니라 나라 이름마저 고려(당시 이 이름과 고구려는 동의어)를 사용하고 평양 일대를 군사 요새화 하고 있었으니 말이다. 하지만 거란의 가장 큰 목표는 어디까지나 송을 쳐서 이른바 중원을 차지하는 것이었기 때문에 가능하면 이 고슴도치같이 껄끄러운 배후의 나라와 친선관계를 맺고자 했다.

그런 점에서 훈요십조(고려 태조가 후손에 전한 신서와 훈계 10조로 이루어진 정치 지침서로, 불교 신앙과 풍수지리 사상이 대부분이다)라는 유언에 거란에 대한 적대를 명시하고, 거란이 먼저 제안한 우호관계를 매몰차게 거절한 고려 태조 왕건은 지정학적으로 잘못된 선택을 한 셈이다.

최악의 지정학을 번영의 바탕으로

거란은 매우 공격적이고 패권을 지향하는 민족이었지만 고려에 대한 전면적인 침공만큼은 계속 미루고 있었다. 고려가 '자리'의 덕을 보았기 때문이다. 거란의 목표는 송을 완전히 제압해 중원을 차지하는 것이라고 했는데, 고려의 자리는 거란의 등 뒤에 있는 비수였다. 따라서 거란은 가능하면 고려와 우호적인 관계를 맺어 후방을 안정시켜야 했다.

하지만 고려는 왕건의 유언(훈요십조)에 따라 고구려 옛땅을 회복하자는 북진정책을 계속 추진했다. 거란이 멸망시킨 발해 유민을 받아들이면서 영토를 통일신라의 영토보다 북쪽으로 확장해 청천강 일대까지 밀고 올라갔다. 결국 이를 그냥 두고 볼 수 없다고 판단한 요나라의 소손녕이 스스로 80만 명이라고 자처한 대군을 이끌고 고려를 침공했다(983년). 당시 동아시아 최강의 군사대국

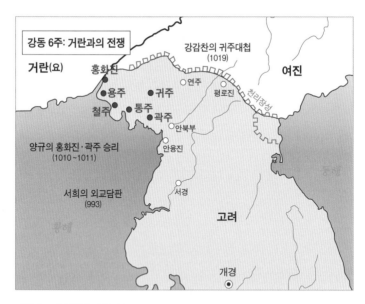

거란의 고려 침입과 강동 6주

거란은 단숨에 고려군을 격파하고, 서경까지 지척인 안융진 앞에
자리를 잡았다. 하지만 안융진을 함락하는 데는 성공하지 못했다.

　　당시 고려 조정의 의견은 둘로 갈렸다. 항복하자는 파와 땅을
내주고 화친하자는 파였다. 오직 서희와 이지백이 항전을 주장했
다. 그다음은 초등학생도 아는 이야기다. 서희가 안융진에 가서
소손녕과 담판을 벌였고, 거란군이 홍화진, 통주, 귀주(구주), 곽
주, 용주, 철주 등 강동 6주를 주고 물러났다는 이야기가 그것이
다. 당시 소손녕과 서희의 담판 내용이『고려사 서희 열전』에 남
아 있는데, 간단히 정리하면 이렇다.

소손녕: 너희 나라는 신라 땅에서 일어났고, 고구려는 우리 소유인데도 너희들이 침략해 차지했다. 그리고 우리와 국경을 접하고 있음에도 바다를 건너 송을 섬기고 있기 때문에 오늘의 출병이 있게 된 것이다. 만약 땅을 분할해 바치고 조빙(왕을 찾아가 알현하고 조공을 바치는 것)을 잘한다면 무사할 것이다.

서희: 그렇지 않다. 우리나라는 고구려를 계승했기에 국호를 고려라 하고, 평양에 도읍했다. 그러니 요나라 동경도 모조리 우리 땅인 셈인데 어찌 우리가 침략했다 하는가? 게다가 압록강 안팎은 여진이 그 땅을 훔쳐 살면서 완악하고 교활하게 거짓말로 길을 막고 있으니 요나라로 가는 것은 바다를 건너는 것보다 어렵다. 조빙이 통하지 않는 것은 여진 때문이니, 만약 여진을 쫓아내고 우리의 옛 영토를 돌려주어 성과 보루를 쌓고 도로를 통하게 해 준다면 어찌 감히 조빙을 잘하지 않겠는가?

그러자 소손녕이 크게 기뻐하며 군사를 물리고 덤으로 청천강과 압록강 사이의 땅도 고려에 양보했다는 것이다. 이게 믿어지는가? 아무리 서희가 외교의 천재라 해도 소손녕이 바보가 아닌 다음에야 말싸움에 졌다고 땅까지 내주며 대군을 물리지는 않았을 것이다.

서희와 소손녕은 대체 무슨 이야기를 주고받은 것일까? 이들의 대화에서 신라를 계승했니, 고구려를 계승했니 하는 것은 그냥

하는 말이고, 실제로 오간 내용은 이것이다.

소손녕: 바다까지 건너다니며 송나라에는 사신을 보내어 조공을 바치면서 육지로 이어진 우리와는 왜 보내지 않는가?

서희: 압록강 일대를 여진이 차지하고 있어서 이어져 있지 않다.

소손녕: 그럼 내가 군사를 물리고 압록강 일대를 양보할 테니 조공을 바쳐라.

서희: 넵.

서희는 소손녕이 실제로 원하는 것이 고려의 정복이 아니라는 것을 간파했다. 그 거대한 러시아가 아프가니스탄, 우크라이나의 정복에 실패하거나 고전하는 현대사의 사례에서 보듯이, 오늘날에도 정복전쟁은 쉬운 일이 아니다. 더구나 큰 나라와 앞에서 대치하고 있는 나라가 자신의 등 뒤에 있는 나라와 정복전쟁을 할 수는 없다. 따라서 서희는 조공을 바치고, 송나라와 관계를 끊는다는 빈말이라도 한 것이다. 거란의 목적은 고려의 정복이 아니라 송과 싸울 때 고려가 뒤를 치지 않을 것이라는 보장이니 이 정도면 충분한 것이다.

내친김에 서희는 여진족 핑계까지 댔다. 요는 대국, 상국의 입장에서 고려를 꾸짖는다는 명분으로 쳐들어온 것이라서 고려가 사대와 조공을 약속하는 순간 토벌의 명분이 사라지고, 여진족 핑계를 대는 순간 도리어 여진족 토벌의 부담까지 생겼다. 소손녕은 여진족과의 전쟁 부담까지 짊어지는 대신 고려로부터 조빙 약속을 받아낸 공만 챙기고, "그럼 그 땅은 너희에게 줄 것이니 고려가 스스로 여진을 몰아내고 길을 확보해 조공을 오도록 하라" 하고 떠넘겨야 했다. 어차피 이 지역을 거란이 확실히 자기 영토로 확보하고 있었던 것도 아니고, 또 "고려 따위가 여진을 그렇게 쉽게 몰아내겠어? 고려와 여진이 서로 싸우고 있으면 거란에는 이득이지" 이런 생각도 있었다. 이것이 바로 강동 6주 획득의 내막이다.

외교와 무역·군사 요충지, 강동 6주

고려는 이 지역의 권리를 확인받기 무섭게 거란이 생각한 것보다 훨씬 빠르게 여진을 몰아내고 강동 6주를 설치했다. 이름으로 보면 도시 같지만 실은 모두 군사 요새다. 거란은 뒤늦게 이 지역을 돌려주길 요구했으나 고려는 거절했고, 이후 11세기 내내 이어진 고려와 거란 간 전쟁의 근본적인 원인이 되었다. 다시 지도를 보고 강동 6주가 얼마나 절묘한 자리인지 확인해 보자.

거란이 고려를 침공하려면 압록강을 건너야 한다. 그런데 압록강은 상류, 중류는 양쪽이 깎아지른 산악이라 대규모 군대가 건너기 어렵다. 결국 하류에서 건널 수밖에 없다. 하류는 넓다. 그렇지만 배를 타고 건너는 것은 위험하다. 수만 명의 부대가 한 번에 배를 타고 건너기 어렵기 때문에 몇 척의 배가 계속 왔다 갔다

귀주대첩 민족기록화

하며 건너야 하는데 바로 이때가 기습공격을 당하기에 딱 좋기 때문이다. 배로 강을 건너는 적군이 절반쯤 건넜을 때 공격하는 것은 동서고금을 막론하고 가장 보편적인 전술이다. 따라서 거란은 압록강 하류에서도 하중도가 많아 배를 타는 구간을 최소화할 수 있는 곳으로 건널 수밖에 없다. 그 하중도 중 하나가 바로 유명한 위화도다. 따라서 압록강을 건너 침공하면 수비 입장에서 지킬 곳이 더욱 뻔해진다. 그래서 훗날 의주라고 불리게 된 지역(당시 이름은 내원)이 전략적으로 그토록 중요했던 것이다.

　만약 의주를 장악했다면 여기서 길은 둘로 갈라진다. 가장 편한 길은 좁은 해안 평야를 따라 내려가는 길이다. 다른 길은 산속을 지나가게 되는 내륙 길이다. 당연히 평야 길을 갈 것 같지만 이 경우에는 청천강을 다시 건너야 하는 부담이 있다. 내륙 길로 가면 청천강 상류를 건너기 때문에 그런 부담이 없다. 대신 산길에 매복한 적에게 기습당할 위험이 있다.

강동 6주는 이 두 길을 따라 건설되었다. 누가 봐도 동쪽에서 쳐들어오는 여진이 아니라, 북쪽에서 내려오는 거란을 경계하는 것으로 보였다. 여진족을 몰아내고 거란과 교류하는 고속도로를 깔겠다고 약속하고, 도리어 철조망과 군사 시설을 설치한 셈이다. 더구나 이 지역은 북으로 거란, 동으로 여진, 서로 송과 교류할 수 있는 무역의 요충지이기도 했다. 당시 동아시아의 패권을 다투던 거란과 송은 서로 전쟁 중이라 직접 무역할 수 없었는데, 군사력에 비해 물자가 부족한 거란은 송으로부터 많은 물자를 수입해야 했다. 그런데 고려가 강동 6주를 근거지로 송-거란-여진 중계무역으로 엄청난 이익을 얻은 것이다. 거란은 괘씸한 한편, 부러웠다. 배도 아프고 화도 난 거란은 이 땅을 도로 빼앗고 싶었지만 상국 입장에서 준 땅을 빼앗을 수도 없어 끙끙거리고 있었다.

그런데 마침 고려에서 강조가 목종을 시해하고 현종을 옹립한 뒤 권력을 장악하는 쿠데타가 일어났다(1009년). 요황제 성종은 "임금을 시해한 강조를 벌한다"라는 명분을 내걸고 즉시 군사를 일으켰다. 심지어 황제가 직접 20만(말하기로는 40만) 대군을 이끌고 고려를 침공했다(1010년).

동아시아 최대 군사강국의 황제가 직접 대군을 이끌고 왔으니 고려는 그야말로 풍전등화였다. 그런데 이때 강동 6주가 위력을 발휘했다. 거란군은 강동 6주의 첫 관문인 홍화진에서부터 막혔다. 일주일이 넘도록 공격해도 홍화진을 함락시키지 못한 요 성종은 홍화진, 용주, 철주를 건너뛰고 바로 강동 6주의 출구인 통주, 곽주로 향했다.

고려는 쿠데타의 주역 강조가 직접 대군을 이끌고 나와 거란과 교전했는데, 이 싸움에서 그만 대패하고 강조도 잡혀 죽고 말았다. 고려는 이 싸움에서 수만 명의 정예병은 물론, 최고 권력자마저 사망하면서 사실상 수도방위 능력을 상실했다. 이에 요 성종은 강동 6주를 뒤에 남겨 두고 수백 킬로미터 떨어진 개경을 향해 돌진했다. 강동 6주의 고려군이 배후를 끊으면 낭패지만, 세계 최강 기병대의 위력을 믿고 그 전에 개경을 함락하고 고려 왕의 항복을 받아 낼 생각이었다. 이미 거란은 이 전술로 요동 방어선을 우회하고 바로 수도로 돌격해 발해를 멸망시킨 전적이 있었다.

작전은 일단 성공으로 보였다. 거란이 배후에 강동 6주를 남겨 두고 돌진하리라 생각하지 못했던 고려는 수도 개경의 방어 준비가 거의 되어 있지 않았다. 고려 현종은 요 성종의 대군이 개경으로 들이닥치기 직전 아슬아슬하게 도성을 탈출해 전라도 나주까지 멀리 도망갔다.

이때 요 성종의 귀에 기가 막힌 소식이 들렸다. 홍화진을 지키던 고려 장군 양규가 성내 병력과 강조의 패잔병을 모은 결사대 1,700명을 이 끌고 무려 1만 명이 넘는 거란군을 사살하고 통주, 곽주를 탈환한 것이다. 강 동 6주를 건너뛰고 수백 킬 로미터의 무모한 돌격을 했

봉황이 그려진 고려 의장기

음에도 고려 왕을 잡지 못했는데, 후방 부대가 궤멸되고 퇴로를 차단당한 것이다. 고려를 멸망 직전으로 몰고 갔던 요 성종은 도리어 적국 한가운데서 고립되어 목숨이 위태로운 상황이 되었다.

요 성종은 역적 강조를 대신 벌했다는 명분은 일단 충족했기 때문에 고려 현종이 친히 조공할 것을 약속하고(기한을 정하지 않았기 때문에 사실상 부도수표나 다름없었지만) 송과의 관계를 끊겠다는 문서를 보내자 서둘러 퇴각했다. 하지만 양규가 장악하고 있는 강동 6주를 다시 돌파해 거란으로 돌아가는 길은 고난의 연속이었다. 압록강을 건너는 마지막 순간까지 거란군은 고려군의 습격으로 무수히 많은 군사를 잃었다. 결국 거란은 고려의 수도까지 점령했음에도 강동 6주는커녕 단 한 뼘의 영토도 늘리지 못하고 간신히 한반도를 탈출했다.

동아시아에서 고려의 위상을 바꾼 큰 싸움

이후에도 고려와 거란은 끊임없이 충돌했다. 교과서에는 1차, 2차, 3차 거란 침공이라고 나오지만, 결코 세 번만 싸운 것이 아니다. 993년부터 1019년까지 무려 30년간이나 크고 작은 전투가 이어진 기나긴 여요전쟁이었다. 그 중심에 무역과 군사의 요충지 강동 6주가 있었다. 오늘날의 평안북도이니 당연히 고려 영토일 것 같지만, 당시에는 거란, 여진, 고려가 모두 자기 땅으로 여기던 곳이며 기나긴 여요전쟁에서 승리하면서 비로소 고려 영토로 확정된 지역이다.

강감찬 장군 인물상

1018년 요 성종은 마침내 이 길고 긴 전쟁에서 "그야말로 끝장을 보기로" 결심했다. 그리고 거란 최고의 명장이며 2차 전쟁 때도 사실상 총사령관이었던 소배압을 지휘관으로 삼아 10만 대군을 휘몰아 고려를 침공했다. 2차 침공의 규모는 20만 명인데 병력이 절반으로 줄었다고 생각하면 착각이다. 이 10만은 거의 기병으로만 이루어진, 그야말로 최정예 부대였기 때문이다. 고려 역시 위기감을 느끼고 송나라의 도움을 청했지만, 송나라는 "고려가 거란과 계속 싸우면 우리는 거란의 압박에서 벗어나니 좋은 일이다"라는 태도로 일관했다.

소배압의 작전은 2차 전쟁 때 우회 돌격 전술

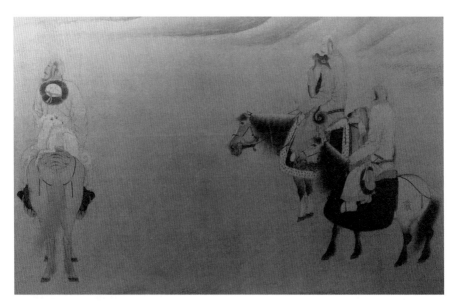

말을 탄 거란의 무사들을 묘사한 그림

의 강화판이었다. 속도를 더 빨리하겠다는 것이다. 그래서 2차 때
와 달리 첫 번째 관문인 흥화진조차 생략하고 처음부터 우회 돌격
을 개시했다. 하지만 고려 지휘관은 우리나라 역사상 최고 명장으
로 꼽히는 강감찬 장군이었다. 소배압도 명장이지만 강감찬이 한
수 위였다. 강감찬은 강동 6주의 성을 지키는 대신 정예부대를 여
러 개의 별동대로 편성해 개경으로 진격하는 길목 곳곳에서 거란
군을 기습하고 빠지기를 반복했다. 거란군의 작전은 최대한 빨리
개경에 도착하는 것이었기 때문에 고려군이 기습한 뒤 도주해도

추격할 틈이 없었다. 그냥 계속 갈 길을 가는 수밖에 없었다.

하지만 소배압은 이 상황에서도 대군의 질서를 유지하고 원래 작전대로 빠르게 돌격했다. 과감하게 서경마저 우회했다. 하지만 강감찬은 이것도 예상했다. 서경을 우회하는 길목인 미탄진에서 이미 강감찬의 부장인 강민첨이 기다리다가 거란군을 요격해 1만 명 이상을 사살했다. 그래도 소배압은 기어코 개경 근처 신은현까지 돌격했다.

고려 현종은 최후의 수단인 청야전술로 맞섰다. 개경과 그 주변 고을의 백성과 식량을 모두 송악산성으로 옮기고 마을에는 쌀 한 톨, 풀 한 포기 남겨 두지 않았다. 더구나 2차 여요전쟁 때만 해도 없었던 개경 나성(산성과 평지성을 연결해 도시 전체를 요새화한 것으로 강감찬 장군의 건의에 따라 건설했다)이 완공되었다. 기껏 개경까지 왔는데 개미 한 마리, 보리 한 톨 보이지 않는 빈집뿐, 고려 왕과 백성들은 험한 성으로 들어가 장기전을 하자며 버티고 있었다.

이제 소배압은 정말 큰일이 났다. 등 뒤에는 강동 6주와 서경에서 나온 고려군이 쫓아오고 있다. 눈앞에는 요새화된 개경 성곽이 버티고 있다. 식량을 보급받을 곳도, 약탈할 곳도 없다.

거란과 고려 전쟁 민족기록화(조선시대 김식 그림)

결국 소배압은 개경 공격을 포기하고 퇴각했다. 목숨을 건 머나먼 귀향길이었다. 오는 길에 길목마다 매복한 고려군의 습격에 혼이 났으니 가는 길은 얼마나 더 괴로울까? 소배압은 조금이라도 고려군이 진을 치고 있거나 공격할 태세가 보이면 그곳을 피해 가며 이동했다.

그런데 강감찬은 그것을 이용했다. 해안 길에 진지를 많이 설치해 거란군을 내륙 길로 몰았다. 그러면서 흩어져서 거란군을 요격했던 별동대를 모두 귀주로 집결시켰다. 귀주는 내륙 길로 가려면 반드시 지나가야 하는 곳이다. 마침내 귀주에서 기어코 고향에 돌아가려는 거란군과 이들이 돌아가서 다시 쳐들어오지 못하게 섬멸하려는 고려군이 맞붙었다. 여기서 고려군은 거란군을 사실상 전멸시켰다. 이것이 바로 그 유명한 귀주대첩이다.

귀주대첩을 마지막으로 30년간 이어져 온 여요전쟁은 고려의 승리로 막을 내렸다. 다시 강조하지만, 거란은 한낱 오랑캐가 아니었다. 거란은 발해를 멸망시키고, 송나라로부터 베이징 지역을 빼앗은 당시 동아시아의 최강국이었다. 그런 강한 거란과 정면으로 대결해 고려가 그 정예부대를 전멸시킨 것이다. 귀주대첩의 승리는 즉시 동아시아의 여러 나라에 알려졌고, 고려의 위상을 완전히 바꾸어 놓았다. 특히 을지문덕 장군의 살수대첩, 이순신 장군의 한산도대첩과 함께 '한국사 3대 대첩'이라 불리기도 한다. 한반도의 지형과 기상, 내륙 길과 해안 길 등 지리를 활용한 전술을 취한 점 역시 돋보였다는 후대의 평가가 잇따른다.

4장

바다에서 승리한 임진왜란

신립 장군의 실패와 이순신 장군의 지리 전략

절체절명의 위기, 불멸의 전쟁!
조선 최대의 전쟁, 임진왜란을 어떻게 지리의 관점으로 분석할 수 있을까?

바다에서
승리한
임진왜란

우리 역사에서 가장 역동적인 장면을 수없이 제공한 사건으로 임진왜란(1592-1598)을 빼놓을 수 없다(동아시아사 관점에서 임진전쟁이라고 부르는 것이 더 정확하지만 익숙한 명칭을 사용하겠다). 그동안 학교에서는 임진왜란에 대해서 조선의 준비 부족으로 인한 초반부의 패전, 명나라의 참전, 이순신 장군, 권율 장군 등 명장들의 등장과 곽재우 의병장 등 의병의 활약을 통한 역전이라는 식으로 가르쳤다. 하지만 여기에서 빼놓은 것이 바로 지리의 눈이다.

신립 장군을 위한 변명

다산 정약용이 충주의 명소 탄금대를 지날 때의 일이었다. 탄금대 앞을 흐르는 달천을 한참 바라보던 정약용은 갑자기 비분강

개하며 시 「탄금대를 지나며(過彈琴臺)」를 썼다.

그 시는 이렇게 시작된다.

험준한 재 다 지나 땅이 확 트이더니

강 복판에 불쑥 탄금대가 튀어나왔네

신립을 일으켜 좀 따져 보고 싶네

어째서 문을 열고 적을 받아들였냐고

이 시는 임진왜란 당시 탄금대전투에서 일본군 선봉장 고니시 유키나가(임진왜란 때 선봉장으로 조선에 출병해 평양까지 침공한 장수)와 싸워 전멸한 신립 장군을 질책하는 시다. 아무리 패장이라도 나라를 지키기 위해 물러서지 않고 싸우다가 목숨을 바친 신립 장군에게 '문을 열고 적을 받아들였냐'라며 따지고 있으니 아쉽다.

약 200년 뒤에도 이럴 정도였으니 임진왜란 당시에는 오죽했

『징비록』

을까? 임진왜란 당시 영의정이자 군사·행정 총책임자였던 유성룡은 전쟁 회고록인 『징비록』에서 패전의 책임을 신립에게 돌렸다. 이후 신립 하면 자연스럽게 따라 나오는 평가는 "문경새재 험한 산길 안 막고, 자기 부하들인 기병에게 공

오늘날 문경새재의 2관문과 3관문

세울 기회를 주려고 굳이 탄금대 평지에서 배수진 치고 싸우다가 나라를 망친 어리석은 장군"이다. 일본 선봉장 고니시조차 새재 (조령)를 지나면서 "이런 천하의 요새를 버린 조선의 장수는 분명 바보일 것"이라고 말했다.

이론적으로는 옳은 말이다. 험준한 산맥은 자연이 제공한 천연 요새로, 고갯길만 틀어막으면 적은 병력으로 몇 곱절 많은 수의 적군을 저지할 수 있다. 그러니 새재를 비워 두고 평지에서 무모한 돌격으로 참패한 신립은 "네 어리석음으로 수많은 군사를 죽였다"라는 욕을 먹어도 싸다.

하지만 이것은 어디까지나 선비의 논리다. 정약용은 실제로 어떤 일이 있었는지, 그리고 문경새재에서 충주에 이르는 지역의

조선시대 문경(조령, 새재) 고지도

聞慶縣 距京三百七十七里

聞慶縣

元戶五千三百三十三內 男一萬九千二百九十六口 女一萬八千六百十六口
元田畓并二萬七千五百七十六員二束內
　田一萬三千三百五十七員一束
　畓一萬四千二百十九員一束
　宗畓八百四十九結三十九負三束

穀物摠數
元會及常賑米并六千二百九十一石
各樣雜穀并一萬五千八百八十五石
軍餉米二千六百三十二石
監營米七百四十八石
監營勾管各樣雜穀并一千三百五十二石
儲置米六百七十八石
射軍作米二十九石
軍兵摠數
京各司諸色軍一千一百二十名
監營屬八名
統營屬三名
右兵營屬二百八十名
尚州鎮屬五百八十七名
金烏鎮屬一名

東距 尚州界三十里
南距 ...
西距 ...
北距 ...

昆倉庫外 戶倉
加倉 戶倉五十
北距 ...

邑面 初境二里 終境五里
身北面 初境十里 終境四十里
南面 初境... 終境五十里
草谷 初境七里 終境二十里
身東面 初境... 終境七里
戶西面 初境... 終境五十里
南面 初境... 終境四十里
加東面 初境二十里 終境四十里
加北面 初境二十里 終境七十里
加南面 初境... 終境五十里
加縣面 初境... 終境四十里

지형이 어떠했고 당시 조선군 상황이 어떠했는지 군대를 지휘하는 입장에서 답사하고 분석하지 않았다. 전투가 벌어졌던 주변에 가 보지도 않았을 것이며, 새재가 험하다는 글만 읽었을 뿐, 장수 입장에서 새재를 차분히 돌아보지도 않았을 것이다. 비유하자면 지도만 보고 나서 등산 다했다고 주장하는 셈이다.

조선군이 궤멸된 탄금대전투를 장군의 어리석은 판단의 결과로만 보지 말고 지리의 눈을 뜨고 다시 바라보자. 신립은 여진족과의 전투에서 혁혁한 전공을 세운 장수다. 여진족이 누군가? 그 무시무시한 거란을 멸망시킨 동아시아 최강의 전투 종족이다. 이들을 상대로 무능한 장군이 전공을 세울 수는 없다. 전투 경험 없는 유성룡이나 정약용 같은 유학자들도 아는 것을 신립이 몰랐을 리 없다.

지리의 눈으로 본 전투의 현장

이제 어리석지 않은 장군이 어리석은 선택을 할 수밖에 없었던 사정이 무엇인지 지리의 눈을 뜨고 현장으로 가 보자. 먼저 신립이 포기했다고 욕을 먹는 새재부터 살펴보자. 새재는 백두대간을 넘어가는 고갯길이다. 동쪽으로는 주흘산, 서쪽으로는 조령산이 펼쳐진 가운데를 넘어간다. 두 산 모두 가파른 절벽으로 이루어져 있어 대규모 군대가 무기와 보급품을 가지고 넘어가기 어렵다. 두 산 사이에 그래도 다닐 만한 길이 바로 새재다.

골짜기를 지나가는 산길이 다 그렇듯이 이 길 역시 좁아서 여기를 지나는 군대는 긴 종대를 이루어 이동해야 한다. 방어하는 입장에서는 이보다 더 좋을 수 없다. 이 길 중간중간을 성벽으로 틀어막고 있으면, 아무리 대군이라도 병력의 우위를 발휘할 포위 공격을 하지 못하고 차례차례 공격하다가 쓰러지는 축차 투입을 하게 된다. 폭 10미터도 안 되는 좁은 성을 돌파해야 하니 설사 10만 대군이라 할지라도 100명씩 차례차례 달려들 수밖에 없다. 사진에는 길이 제법 잘 닦여 있지만, 이것은 오늘날 관광지를 조성하며 닦아 놓은 것이고, 원래 길은 이보다 훨씬 좁고 험한 산길이었을 것이다.

그런데 실제로 역사적 사실을 살펴보면 고갯마루에 성벽 하나 쌓아서 적의 침공을 막아 낸 사례가 생각보다 많지는 않다. 병력이 훨씬 큰 적군을 상당히 괴롭히기는 하지만 결국 장렬하게 산화한 이야기가 대부분이다. 영화 〈300〉의 모티브가 된 테르모필라이전투가 대표적이다. 스파르타 용사 300명을 포함한 수천 명의 그리스군은 좁은 테르모필라이협곡을 틀어막고 수가 10배 이상 많은 페르시아대군과 맞서 싸웠지만 결국 전멸했다. 페르시아군이 샛길을 발견해 뒤로 넘어오자 그만 지리적인 이점이 사라져 버린 것이다. 험한 산으로 둘러싸여 있으니 고갯길 외에는 병력이 이동할 수 없다는 설정은 이론적으로나 혹은 컴퓨터 게임에서나 가능하다. 현실의 산은 아무리 험하더라도 반드시 샛길이 있기

일본 고산지대의 지형(도야마현의 모습)

마련이다. 지도에 나오지 않을지라도, 고개를 넘어가는 길만 있는
것이 아니라 골짜기 옆 능선을 따라가는 길, 그 고갯마루를 우회
하는 길 또한 있기 마련이다.

　더구나 고산준령이라 적군이 넘기 어려울 것이라는 생각은
우리나라 지리만 아는 좁은 소견이다. 주흘산, 조령산은 해발
1,000미터에 불과하며 그사이에 잘록하게 내려앉은 새재는 해발
600미터 남짓하다. 그래도 1,000미터면 높은 산이 아닌가 하겠지
만 그건 우리끼리 하는 이야기다. 일본은 환태평양조산대에 속
한 곳으로 비교적 젊은 장년기 산이 가득한 지형이다. 일본의 산
은 대체로 우리나라보다 두 배 정도 높고 험하다고 보면 된다. 백
두산이 일본에 있다면 한참 뒤로 처지며 한라산, 지리산 정도로

는 아예 높은 산 행세도 하지 못한다. 3,000미터 넘는 산도 무수히 많다.

더구나 임진왜란 당시 일본은 전국시대 직후였다. 당시 일본 장수와 군인들은 이런 험준한 산악 요새에서의 전투 경험이 풍부했다. 설사 신립이 새재를 지켰다 하더라도 일본군을 저지하지는 못했을 것이다. 유성룡이나 정약용이 일본에 답사를 가서 일본 산악의 규모, 그리고 전국시대 일본군의 산악 전투 경험을 확인했다면 새재를 안 지켜서 졌다, 같은 말은 감히 하지 못했을 것이다.

그래도 새재에서 일본군을 막지는 못해도 진격 속도를 늦춰서 한양에서 충분히 대비할 시간을 벌게 했어야 했다는 비판도 있을 수 있다. 하지만 신립이 그 생각을 안 했을까? 신립이 제일 먼저 생각한 작전이 새재를 틀어막는 것이고, 실제로 새재에 선발대를 보내어 답사했다. 하지만 그는 결국 새재를 포기했다.

왜 그랬을까? 고개에서 적군을 막으려면 고갯마루만 틀어막아서 될 일이 아니다. 모든 산에는 다 샛길이 있다. 아무리 험한 산이라도 우회로가 있다고 앞에서도 강조했다. 그러니 샛길이 갈라지는 길목마다 관문과 성벽을 설치해 막아야 한다. 고갯마루나 입구를 틀어막고 있어도 적군이 샛길로 넘어가 버리면 헛일이다.

그래서 오늘날 문경새재에는 1관문, 2관문, 3관문 이렇게 3개의 성문이 남아 있다. 이 중 1, 2관문은 샛길이 갈라지는 길목, 3관문은 고갯마루를 지키는 관문이다. 문제는 이 관문들이 모두 임진왜란 이후에 세워진 것들, 그러니까 소 잃고 난 다음에 고친 외양간이라는 것이다. 임진왜란 당시에는 이런 관문이나 성벽이 없는, 자연 그대로의 산길이었다. 여기를 지키려면 나무를 베어 목책과 녹각(나무를 사슴뿔처럼 설치한 방어물) 같은 방책을 세우고 버텨야 한다. 그런데 당시 조선군은 훈련과 사기 수준이 바닥이라 한양에서 충주까지 오는 동안에도 도망병이 속출했다. 이런 부대를 성벽도 없는 산속에 배치해 두면 어떤 일이 일어날까? 하룻밤 만에 절반 이상이 도망가고 말 것이다.

따라서 신립은 새재는 안 되겠다고 판단했을 것이다. 그렇다면 새재를 넘어온 적군이 강을 건너 충주 벌판으로 진입하는 길목인 단월역이 저지하기 좋은 곳이다. 행군 중에 가장 위험한 순간이 강을 건널 때다. 부대의 절반이 물에 있고 절반이 땅에 있을 때 공격당하면 대열이 무너지기 때문이다. 단월역은 달천강을 건너는 길목에 대림산이 자리 잡고 있어 군사를 매복시킬 만한 곳이다. 여기서 강을 절반쯤 건넌 일본군에게 집중 사격을 가하면 상당히 큰 피해를 줄 수 있다. 하지만 이토록 중요한 길목인 단월역에도 역시 이렇다 할 성이나 방어 시설이 없었다. 산속에 배치한 궁수 수백 명으로 수만 명의 일본군을 괴롭힐 수는 있겠지만 저지할 수는 없었다.

결국 신립은 그래도 성곽이 갖춰진 충주성에서 농성전을 계획했다. 하지만 명색이 조선의 중심이라 불리던, 그래서 중원(中原)

이라는 이름으로 불리던 충주마저 성곽 상태가 엉망이었다. 보수와 정비가 제대로 이루어지지 않은 충주성은 성벽이 높은 곳도 높이 3미터 정도에 불과했고, 심지어 성벽 방어의 핵심인 해자조차 없었다. 일본군은 높은 성곽과 해자가 제대로 갖춰져 있고 정예 병력과 30여 명의 장수가 포진한 동래성도 하루 만에 함락시킨 전력이 있었다. 해자 없는 낮은 성으로는 반나절도 버틸 수 없었다.

마침내 신립은 요즘 말로 멘탈이 터졌다. 다시 새재로 가야 하나? 아니면 단월역을 지켜야 하나? 신립이 결정을 못하고 갈팡질팡할 때 일본군은 생각보다 훨씬 빨리 새재를 넘었다. 일본은 조선 침략 몇 년 전부터 상인, 승려, 사신으로 가장한 첩자들을 보내 조선의 지리를 샅샅이 조사했다. 일본 선봉장 고니시는 조선 지리를 훤히 알고 있었는지 마치 자기네 땅에서 작전하는 것처럼 신속하게 움직였다.

새재를 넘은 일본군은 즉시 세 부대로 흩어져 한 부대는 달천을 따라 이동하며 서쪽에서 충주성을 압박했다. 다른 두 부대는 하나는 남쪽에서 충주성을 공격하고, 다른 한 부대는 북쪽으로 건너가 충주에서 한양으로 가는

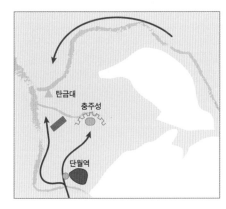

탄금대로 조선군을 몰아넣는 일본군의 진로

길목을 차단했다.

충주성을 지킬 수 없다고 판단한 신립은 방어선을 뒤로 물려 용인이나 안성 근방에서 적을 막고자 했다. 그러나 이미 한양 방향 길이 차단당했기 때문에 다른 길로 가려고 서쪽으로 이동했지만, 이미 일본군이 예상한 경로였다. 결국 탄금대에서 세 방향에서 좁혀 들어오는 일본군과 최후의 결전을 할 수밖에 없는 상황이 되었다. 기병에게 공을 세울 기회를 주기 위해서도 아니고, 배수진을 치기 위해서도 아니며, 오히려 토끼몰이를 당한 끝에 탄금대에서 막다른 골목을 만난 것이다. 고니시는 충주 일대의 지리를 마치 제 나라처럼 훤히 알고 있었다.

물론 신립 장군이 잘한 것은 아니다. 토끼몰이를 당해 죽임당할 땅으로 내몰린 것 역시 장수로서 책임져야 할 통한스러운 일이다. 하지만 적어도 지킬 수 있는 기회가 있었는데 어리석어서 적에게 문을 열어 준 것은 아니며, 탄금대 앞이 죽을 땅인 줄 모르고 결전을 벌인 것도 아니다. 새재를 지켜 일본군을 막는다는 전략은 다만 이론에서나 가능했을 뿐이다. 물론 나중에 권율 장군은 같은 조건에서 목책을 세우고 일본군보다 훨씬 적은 병력으로 좁은 관문을 지켜 내는 데 성공했다. 하지만 신립은 권율이 아니다. 장수라면 기본적으로 모두 권율 장군이나 이순신 장군 정도의 명장이 되어야 한다고 주장하기는 어렵기 때문이다.

이길 자리에서만 싸운 이순신 장군의 지략

처참하게 패한 장군을 대신 변명했으니, 이제 승리한 장군을 지리의 눈으로 칭찬하자. 임진왜란 하면 바로 떠오르는 불멸의 이순신 장군이다. 한국인치고 이순신 장군을 모르는 사람은 없다. 최근 개봉해 조선의 전쟁사에 관심을 불붙게 한 영화 〈한산〉을 비롯해, 같은 감독의 〈명량〉, 이어질 〈노량〉 등 임진왜란 3부작 덕분에 이순신 장군에 관한 관심은 날로 커지고 있다. 이순신 장군이 임진왜란에서 바다를 지켰다는 것, 그리고 23번 싸워 23번 승리했다는 것도 많이 알려진 사실이다. 그런데 이순신 장군이 대체 어떻게 승리했는지는 의외로 알려진 게 적다. 심지어 잘못 알려진 것도 많다. 우선 세 가지 오해를 알아보자.

하나. 세계 최초 철갑선인 거북선의 막강한 위력 덕택이다.

거북선에 관해서는 알려진 것보다 알려지지 않은 것이 더 많다. 아니, 알려진 것이 거의 없다. 거북선의 소재가 무엇인지, 용도가 무엇이었는지, 얼마나 만들어 배치했는지가 다 알려져 있지는 않다. 현재 남아 있는 거북선도 없고, 설계도마저 없어 원형(프로토타입) 복원도 쉽지 않다. 이순신 장군 본인도 『난중일기』에 거북선의 제작 과정이나 활약상, 활용 방식 등에 관해 서술하지 않았다. 거북선의 위력은 우리가 생각하는 것보다 더 막강했을 수도 있고, 별 소용이 없었을 수도 있다.

둘. 조선 판옥선의 뛰어난 위력 덕택이다.

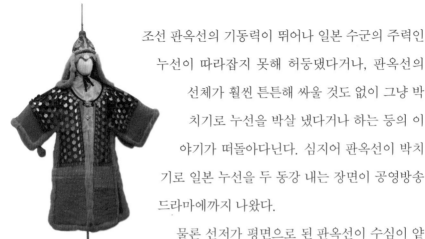

조선 판옥선의 기동력이 뛰어나 일본 수군의 주력인 누선이 따라잡지 못해 허둥댔다거나, 판옥선의 선체가 훨씬 튼튼해 싸울 것도 없이 그냥 박치기로 누선을 박살 냈다거나 하는 등의 이야기가 떠돌아다닌다. 심지어 판옥선이 박치기로 일본 누선을 두 동강 내는 장면이 공영방송 드라마에까지 나왔다.

물론 선저가 평면으로 된 판옥선이 수심이 얕고 조류가 강한 바다에서 좀 더 기동에 유리할 수는 있지만, 약점도 그만큼 많았다. 선저가 평면이라 속도가 느리고, 무게 중심도 높아 자칫 배가 전복될 위험이 있어 움직임이 둔했다. 또 조선 함선이 더 단단한 나무로 만들어진 것은 사실이지만, 박치기로 일본 함선을 침몰시킬 정도는 아니었다. 오히려 함부로 박치기했다가는 일본군이 조선 함선으로 건너올 기회만 제공했다. 만약 갑판 위에서 칼싸움을 하는 상황이 되면 조선 수군은 이길 가망이 없었다. 사실 이순신 장군은 박치기 돌격전은커녕 근접전도 피했다.

셋. 학익진을 비롯한 절묘한 전술 덕택이다.

이순신 장군 하면 한산도대첩으로 유명한 학익진을

임진왜란 당시
조선 장수의 갑옷

임진왜란 당시
일본 장수의 갑옷

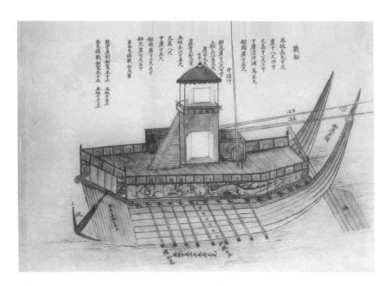

임진왜란 당시 대표적인 전투선인 조선 수군의 판옥선

떠올린다. 학익진은 중군을 뒤로 물리고 좌우익을 앞으로 돌리면서 적군을 포위망 안으로 끌어들이는 진형이다. 대체로 전투 시에 중군을 최정에 부대로 배치한다. 가운데가 돌파당하면 군대가 두 동강 나면서 각개격파를 당하기 때문이다. 따라서 중군이 물러서기 시작하면 적군은 승기를 잡았다고 생각하며 밀고 들어오기 마련인데, 학익진은 이를 이용해 포위하는 전술이다.

그런데 학익진은 이순신 장군의 독창적인 전술이 아니라 상당히 역사가 오래된 보편적인 전술이다. 당장 한나라의 한신이 이 전술로 항우를 물리쳤고, 서양에서도 고대 카르타고의 명장 한니

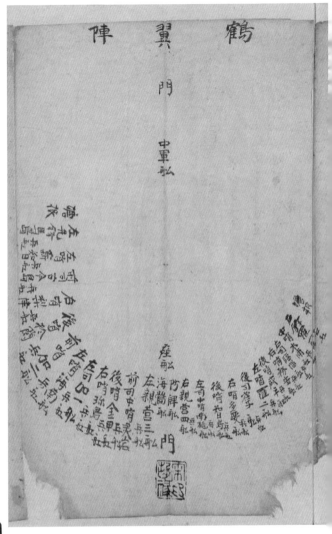

이순신 장군의 학익진도,
『난중일기』와 서간첩

발이 포에니전쟁에서 이 전술로 로마군을 전멸시킨 적이 있다. 당연히 전국시대 일본에서도 자주 등장한 전술이다. 도쿠가와 이에야스가 다케다 신겐을 상대로 학익진을 구사하다가 도리어 참패하고, 문자 그대로 "똥오줌을 지리며" 도망간 사건이 유명하다. 그러니 일본군 역시 학익진을 구사하는 방법, 장점과 약점, 대응 방법 등을 잘 알았을 것이다. 승리의 관건은 어떤 상황에서 학익진을 펼치느냐, 그리고 어떻게 적을 학익진에 말려들도록 할 것이냐에 있지, 학익진 그 자체가 아니다.

지리를 최대한으로 이용한 최고의 전략가

그렇다면 이순신 장군의 승리 원동력은 무엇일까? 우월한 화력과 더불어 이길 수 있는 확신이 있는 장소에서만 싸웠다는 것, 즉 지리의 눈으로 전장을 살폈다는 것이다. 해전인데 무슨 지리냐? 이렇게 말할지도 모르겠지만 해전에서도 지리는 매우 중요하다.

증기기관이 나오기 전까지는 사람이 노를 젓거나 바람의 힘으로 배를 움직였다. 항해는 돛으로 했고 전투 시 기동에는 노를 이용했다. 그런데 노나 돛의 힘으로는 풍향이나 조류를 거슬러 가며 항해하기 어렵다. 더구나 남해는 조류가 복잡하기로 유명하다. 조류가 엄청나게 빠른 곳이 있는가 하면 고요한 곳도 있고, 소용돌이치는 곳도 있다. 방향도 일정하지 않고 시간에 따라 달라진다.

전라도, 경상도, 충청도의 수군이 모두 모여 진을 짜는 연습을 하고 있다.

게다가 남해안은 수많은 곶, 만, 섬이 아주 복잡하게 늘어서 있기 때문에 암초도 많다. 육지에 비교하자면 동해는 넓은 평야 지대, 남해는 산, 골짜기, 산맥이 어지럽게 늘어선 험준한 지역이다.

따라서 남해에서의 해전은 단순히 함선의 수와 무기의 성능만으로 결정되지 않는다. 함대를 언제 어디로 이동시키고, 어디에서

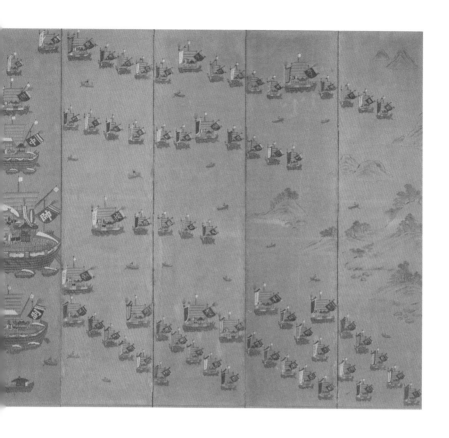

자리 잡고 싸우느냐 하는 것, 즉 지리가 승패를 결정했다. 일대 해역의 섬, 곶, 만의 위치 특징, 그리고 각 해역의 풍향과 조류 변화를 손바닥처럼 훤히 알고 있는 장군이라면 100전 100승 할 수 있다. 이순신이 바로 그런 탁월한 능력을 갖춘 장군이었다.

일본군 지도부 역시 전쟁 경험이 많은 장수들이라 지리의 중요성을 잘 알고 있었다. 그래서 사신, 상인, 혹은 승려로 분장한 첩자들이 오가며 한반도의 산, 강, 각 고을의 성벽 상태, 조선군의 동원체제 등을 꼼꼼히 조사했다고 앞서 말했다. 하지만 복잡한 남해와 서해의 지형, 풍향, 조류, 물길까지 상세하게 조사하기는 어려웠다. 그동안 자주 드나들었던 부산 일대 바다는 그런대로 알 수 있었지만, 그보다 서쪽 지역으로 이동하면 이동할수록 점점 깜깜이 상태가 되는 것이다.

이순신 장군은 적보다 풍부한 지리 정보와 적군과 아군의 여러 조건을 결합해 승리의 방정식을 만들었다. 일본 수군의 전술은 빠르게 상대 함선에 접근한 뒤 건너가서 백병전을 벌이는 것이었다. 따라서 그들의 배는 빠르게 적선에 접근하는 데 특화되어 견고함이 떨어지고, 함포를 많이 실을 수 없었다. 반면 조선 판옥선은 속도는 느리지만 선체와 방어벽이 견고해 승조원을 보호하면서 사격전을 펼치는 데 유리하며, 훨씬 많은 함포를 적재할 수 있었다.

이 둘을 조합한 조선 수군의 승리 공식은 이렇게 나온다.

1. 조선군은 잘 알고, 일본군은 잘 모르는 조류가 복잡하게 흐르는 해역에서 싸워야 한다.
2. 일본군이 빠르게 접근해 백병전을 유도할 수 없는 방향으로 조류가 흘러야 한다.

부산진에서 벌어진 일본군과의 싸움(18세기 그림)

3. 넓게 포진해 집중포격을 할 수 있는 해역에서 싸워야 한다.

물론 이쪽의 승리 공식은 저쪽의 패배 공식이다. 전쟁 경험이 많은 일본군은 그 정도도 이미 알고 있었을 것이다. 그러니 일본군이 불리한 조건에서 싸우러 오도록 유도해야 한다. 이를 위해 전략이 필요한 것이다.

해전에서의 섬은 육지전의 산, 세계 4대 해전, 한산도대첩

지리 정보를 최대한 활용하면서 일본군을 불리한 곳에서 싸우도록 유인한 전략이 발휘된 전투가 바로 한산도대첩이다. 유인하는 방법은 둘이다. 하나는 실제로는 조선군에게 유리한 자리를 마치 일본군에게 유리한 자리인 것처럼 착각하게 만드는 것이다. 다른 하나는 조선군이 진심으로 도망가는 것처럼 보이도록 해 일본군이 유불리를 생각하지 않고 쫓아오게 만드는 것이다.

「선조실록」 기록에는 이렇게 나온다.

왜적들이 아군이 강성한 것을 보고 노를 재촉해 돌아가자 모든 군사가 추격해 가 보니, 적선 칠십여 척이 내양(견내량)에 벌여 진을 치고 있는데 지세가 협착한 데다가 험악한 섬들도 많아 배를 운행하기가 어려웠다. 그래서 아군이 진격하기도 하고 퇴각하기도 하면서 그들을 유인하니, 왜적들이 과연 총출동해 추격하기에 한산 앞바다로 끌어냈다. 아군이 죽 벌여서 학익진을 쳐 기를 휘두르고 북을 치며 떠들면서 일시에 나란히 진격해, 크고 작은 총통들을 연속적으로 쏘아 대어 먼저 적선 세 척을 쳐부수니 왜적들이 사기가 꺾이어 조금 퇴각하니, 여러 장수와 군졸들이 환호성을 지르면서 발을 구르고 뛰었다. 예기를 이용해 왜적들을 무찌르고 화살과 탄환을 번갈아 발사해 적선 육십삼 척을 불살라 버리니, 잔여 왜적 사백여 명은 배를 버리고 육지로 올라가 달아났다.

일본군의 전략은 이렇다. 육군은 보급을 신경 쓰지 않고 최고 속도로 북상해 조선의 주요 거점을 장악한 뒤, 수군을 이용해 병력과 물자를 보충하면서 빼앗은 영토를 다지는 것이다. 고니시의 선봉부대가 부산에 상륙해 한양을 함락시킬 때까지 걸린 시간이 고작 20일이다. 그중 전투가 있던 날들을 빼면 단 열흘 만에 부산-서울 거리를 돌파했다. 아무리 적게 잡아도 하루에 40킬로미터를 이동한 강행군이다. 여기에 한양을 지나 평양까지 갔다. 당연히 허기지고 지쳤을 것이다. 수군을 통한 병력과 물자 보급이 절실했다.

그러나 옥포, 합포 등에서 이순신 함대가 일본의 보급선을 계속 요격하고 있었다. 견디지 못한 일본군은 와키자카 야스하루를

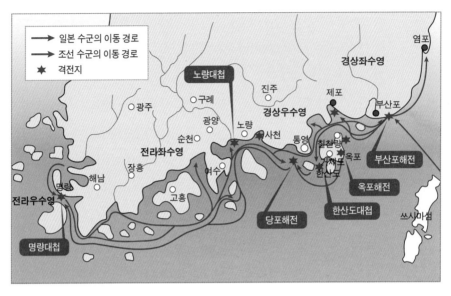

임진왜란 당시 조선 수군과 일본 수군의 이동 경로
섬과 해안선 사이로 양군이 이동하는 모습을 볼 수 있다.

수군 사령관으로 삼아 조선 수군 섬멸전을 준비했다. 와키자카는 단 1,600명의 병력으로 조선군 5만 명을 격파한 전과를 자랑하는 일본군의 에이스였다. 이 일본군 함대가 결집한 곳이 바로 견내량이었다.

견내량은 오늘날 거제도와 통영 사이를 지나는 좁은 해협이다. 이곳이 전략적으로 중요한 까닭은 해류와 바람 때문이다. 남해는 동한난류가 흘러가기 때문에 해류 방향이 서쪽에서 동쪽으로 흐른다. 또 우리나라는 편서풍지대이기 때문에 바람의 방향 역시 동풍보다 서풍이 많다. 남해를 항해하는 배들은 이 해류와 바람의 영향을 피하기 위해 해안선과 섬들 사이의 좁은 바다를 따라 항해했다.

따라서 일본군이 부산을 떠나 여수, 목포 쪽으로 항해하려면 견내량은 그 바닷길 입구에 해당하는 곳이다. 만약 일본군이 견내량을 돌파해 오늘날 통영 앞바다를 장악하면 조선 수군의 근거지인 전라좌수영이 있는 여수까지 한달음이다. 그뿐 아니다. 통영에 일본군이 상륙할 수 있게 되면 남해안을 따라 육군이 호남 지방으로 진군할 수 있다. 그렇게 되면 여수가 일본군에게 함락되고, 조선 수군은 근거지를 잃어버리고 표류하는 신세가 된다. 이순신은 일본군 함대를 반드시 격파하고 무슨 일이 있어도 통영 앞바다를 장악해야 했다.

언제나 문제는 그것을 어떻게 하느냐다. 조선군이 견내량을 통과해 결집한 일본군을 공격한다? 이건 자살행위다. 일본군은 거제도와 가조도를 방어벽처럼 사용하고 있어 비좁은 틈으로 들어가야 하는데, 이러면 각개격파 당하기에 십상이다. 일본군을 가조도 바깥으로 끌어내야 했다. 그런데 유인해야 하는 거리가 너무 길다. 다음 지도를 보면 ㉮해역에서 진을 치고 싸우기는 어렵다. 덩치 큰 판옥선이 대규모로 포진하기에는 너무 좁다. 오히려 판옥선끼리 서로 부딪혀 파손되거나 일본군에 유리한 근접전에 당할 가능성이 컸다.

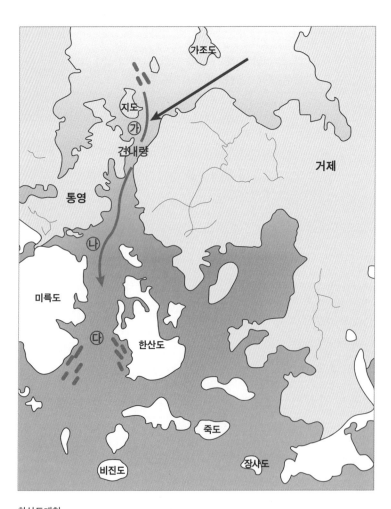

한산도대첩

이순신 장군은 일본군을 아주 멀리 유인해 ㉐해역에서 결전하기로 마음먹었다. 그럼 왜 ㉑해역이 아니라 ㉐해역일까? 얼른 생각하면 ㉑해역에 포위망을 치고 있다가 일본군이 견내량을 빠져나올 때 에워싸서 집중사격으로 끝장내면 될 것 같다. 하지만 와키자카는 영리한 장수다. 대책 없이 견내량을 빠져나오지 않고, 소수의 정찰대를 보내 주변 해역을 살펴본 뒤 빠져나올 것이다. 만약 여기에 대규모 조선 함대가 기다리고 있으면 당연히 대책을 마련할 것이다.

그런데 ㉐해역은 견내량에서 바라볼 때 시야가 묘하게 가로막혀 있다. 한산도와 미륵도가 마치 문처럼 앞을 가로막기 때문이다. 지금도 통영항에서 여객선을 타고 비진도 쪽으로 이동하면 두 섬 사이의 좁은 바다가 이어지다가 갑자기 넓게 확 펼쳐진다. 바로 그곳이 이순신 장군이 선택한 결전의 장소다.

더구나 한산도는 다도해 바깥쪽 물길과 다도해 안쪽 물길을 모두 통제할 수 있는 곳이다. 서해안으로 치면 강화도 같은 위치다. 와키자카는 견내량에서 조선 수군이 보이지 않거나 소수만 있다면 얼마 안 되는 조선 수군을 빨리 격파하고, 즉시 한산도를 장악하러 나올 것이다. 적을 멀리까지 유인해 오려면 그 먼 곳에 탐나는 미끼가 있어야 한다. 그리고 그 미끼는 지리를 아는 자에게만 보인다.

이순신 장군이 위대한 것은 바로 이렇게 여러 지형과 위치를

한산도대첩 기록화

상대방 입장에서 바라보고 이길 수 있는 전투 지점을 정확하게 찾아냈다는 점, 그리고 상대를 그 지점으로 오지 않을 수 없게 지략을 냈다는 데 있다. 푸른 한산도 앞바다, 전투 현장으로 가 보자.

먼저 소수의 선발대가 견내량을 지나 일본군을 도발했다. 그리고 마치 일본 함선이 생각보다 많은 것에 놀란 것처럼 도주했다. 기습적인 공격 뒤에 빠지는 것은 조선 수군이 자주 쓰는 수법이라 일본군은 의심하지 않았다.

일본군은 즉각 이를 추격했다. 처음에는 매복을 의심해 조심

통영한산대첩축제
1962년부터 매년 8월에 개최하며, 충무공을 기리고 한산도대첩을 기념한다.

스럽게 견내량을 빠져나와 보았지만, 도주하는 소수 함대 외에는 조선군이 보이지 않았다. 단숨에 한산도를 장악할 기회라고 여긴 와키자카는 대규모 함대를 움직여 견내량을 돌파했다. 여전히 ㉴수역에 조선의 대규모 함대가 보이지 않자 마음 놓고 한산도를 향해 바로 돌진할 때, ㉵해역에서 양쪽에 매복해 있던 조선 수군이 튀어나와 이중 학익진을 펼쳤다. 그리고 일본군을 완전히 포위해 집중사격으로 궤멸시켰다. 학자에 따라서는 살라미스해전, 칼레해전, 트라팔가해전과 함께 '세계 4대 해전'으로 부르는 한산도대첩의 위엄을 이로써 짐작할 수 있다. 그야말로 '압도적인 승리'였다.

원래 학익진은 적을 아군 가운데로 끌어들여 집중공격하는 진영이다. 이순신 장군은 조선 수군을 한산도 뒤, 미륵도 뒤 두 군데

115

에 매복시켜 두었다가 첫 번째 매복부대가 학익진으로 일본군을 끌어들인 뒤, 두 번째 매복부대가 일본군 뒤쪽에서 학익진을 전개해 완전히 포위했다. 이는 당시 견내량에 결집한 일본 수군이 단순한 보급부대가 아니라는 것을 간파하고, 이순신 장군이 격퇴 수준이 아니라 섬멸전을 생각했다는 것을 보여 준다.

이후 이순신 장군은 지형과 바닷길을 교묘하게 이용하여 23전 23승의 신화를 이뤘다. 특히 12척의 배로 100척이 넘는 일본군을 상대한 명량대첩은 암초가 많고 조류가 복잡하기로 악명 높은 진도 앞바다 울돌목으로 일본군을 유인함으로써 거둔 승리이지, 결코 정신력으로 무모하게 달려든 결과가 아니다.

남해 바다는 다도해다. 섬이 많다는 것은 해안선이 복잡하고 암초도 많고 조류도 복잡하다는 뜻이다. 육지로 치면 크고 작은 산이 줄지어 있는 복잡한 지형이라고 할 수 있다. 이순신 장군은 남해안의 이 복잡한 지리를 부지런히 공부하고, 또 여기에 밝은 현지 어민이나 군관이 제공하는 정보를 꾸준히 수집했다. 임진왜란으로부터 나라를 구한 힘이 바로 지리에 있었다.

5장
육지에서 승리한 임진왜란

지리의 명장 권율 장군

사력을 다한 전투에 나선 조선군과 백성,
평소 확보한 지리 정보는 어떻게 조선군을 승리로 이끌 수 있었나?

육지에서 승리한 임진왜란

충무공 이순신 장군과 더불어 임진왜란의 양대 영웅이 있다. 바로 충장공 권율 장군이다. 권율은 행주대첩을 포함한 3번의 승전으로 유명하다. 더구나 늘 일본군보다 많게는 2분의 1, 적게는 6분의 1 병력으로 싸웠다. 적은 병력으로 전투력이 압도적인 일본군에 맞서 싸워 이기는 것은 용기와 결사의 각오로는 불가능하다. 그것으로는 장렬하게 순국할 뿐, 결코 승리할 수 없다. 신립 장군 역시 적은 병력으로 용감히 맞서 싸우지 않았던가?

그런데 권율 장군은 싸워야만 할 곳에서 싸웠기에 적은 병력에도 맞섰던 것이며, 이길 자리였기에 두려워하지 않고 싸웠다. 즉, 자리를 알고 싸운 것이다. 이렇게 싸울 자리, 이길 자리를 잘 찾아낸 것을 보면 권율은 평소에 지리 공부를 많이 했음에 틀림없다.

권율, 일본에 뼈아픈 이치전투를 선물하다

1592년 조선을 침공한 일본의 전략은 속전속결이었다. 개전 20일 만에 한양을 함락시켰는데, 이는 2차 세계대전 당시 전차로 유럽을 내달린 독일 전격전을 능가할 정도의 속도다. 그런데도 선조가 멀리 의주까지 도망가 버리니, 일본의 보급선은 한반도를 완전히 종단해야 할 정도로 길어졌다. 단기전을 예상하고 겨울옷도 안 챙겨 온 일본군은 일단 평양으로 퇴각해 바다를 통한 보급을 기다렸지만, 그마저도 이순신 장군에게 가로막혔다.

보급선이 끊긴 일본군은 전라도를 점령해 식량을 확보하려고 했다. 조선의 위기였다. 이미 한양과 평양이 함락된 상황에서 곡창지대인 전라도마저 적의 손에 떨어지면 나라가 멸망한 것이나 마찬가지였다. 게다가 당시 전라도에는 병력도 많이 남아 있지 않았다. 전라도 관찰사 이광이 전라도 전역에서 탈탈 털어 모은 4만 명의 군대를 이끌고 한양 탈환에 나섰다가 용인에서 거의 전멸에 가까운 참패를 했기 때문이다.

당시 전라도에 남아 있는 군사는 용인에서 간신히 살아 돌아온 권율 장군과 황진 장군이 이끄는 2,000여 명, 고경명 장군과 조헌 장군 등이 이끄는 충청도 관군과 의병을 모두 합쳐 8,000명 정도였다. 일단 조선군은 전북 진안 근처의 웅치고개, 이치고개 두 군데에 방어선을 치고, 여기가 뚫리면 전주성을 사수하는 것으로 작전을 세웠다. 평야에서 일본군과 격돌하면 이길 수 없다는 것은 탄금대와 용인에서 수만 명의 목숨을 잃음으로써 이미 확인했다. 험한 산길을 틀어막고 주특기인 활을 살려 사격전을 하는 것이 이기는 방법이었다.

이 상황을 지리의 눈으로 살펴보자. 처음 침공한 일본의 주력부대는 선조를 쫓기 위해 북쪽에 배치되었다. 그 후속부대는 수도권, 강원도, 그리고 경상도를 점령했다. 이 중 수도권과 경상도에 있는 부대는 움직일 수 없었다. 보급선 곳곳에서 습격하는 조선 관군과 의병을 막아야 했기 때문이다. 따라서 충청권에 주둔한 6군이 호남을 향해 움직였다. 6군은 호남을 공략하기 전에 배후가 끊기는 것을 막기 위해 먼저 충청 지역 관군과 의병의 근거지였던 금산을 점령하고, 이곳을 근거지 삼아 전라도로 행군했다.

금산과 전라도 사이에는 대둔산에서 운장산으로 이어지는 험준한 산맥이 있고, 이 산맥에서 대규모 군대가 넘어갈 수 있는 통로는 북쪽에는 이치고개, 남쪽에는 웅치고개 두 군데가 있었다.

조선군은 이 두 군데를 다 지켜야 했다. 한 군데만 지키다가 일본군이 다른 쪽으로 넘어가면 끝장이다. 일본군 역시 두 군데를 다 쳐야 했다. 이 둘 중 한 군데에 집중하는 사이 다른 한 군데서 조선군이 나와 금산을 치면 일본군도 곤란해진다.

당시 일본 6군의 병력은 1만 6,000명으로 조선의 두 배였다. 그런데 권율은 안 그래도 절반밖에 안 되는 병력에서 다시 절반 이상을 별동대로 빼고 이치에 1,500명, 웅치에 2,000명 정도의 소

규모 부대만 배치했다. 제정신인가 싶겠지만 다 이유가 있었다. 이치와 웅치에 각 4,000명씩 병력을 배치하면 금산에서 계속 보급 받는 일본군은 연거푸 공격할 것이며, 결국 고개의 방어선이 뚫리면서 "졌지만 장렬하게 잘 싸웠다"로 끝난다. 이치, 웅치가 최대한 버티는 사이에 별동대가 금산을 쳐야 이 싸움이 끝난다. 금산을 탈환할 필요는 없다. 일본군이 이치, 웅치를 쉽게 돌파하지 못하는 상황에서 조선군이 금산을 강타하기만 하면 된다. 그러면 뒤가 끊기는 것을 걱정하는 일본군은 물러나지 않을 수 없다.

일본군은 먼저 웅치를 공략했다. 웅치에는 김제군수 정담, 나주판관 이복남 등이 방어선을 구축하고 있었다. 이들은 단순한 지방 수령이 아니라 모두 무과 출신이었다. 치열한 교전 끝에 간신히 일본군을 저지했고, 김제군수 정담이 전사했다. 웅치 돌파에 실패한 일본군은 이번에는 이치로 몰려왔다. 이치는 권율과 황진이 지키고 있었다(황진 장군은 웅치전투를 도운 뒤 재빨리 이치전투에 참가하는 괴력을 보여 주었다). 두 장군의 병력을 합쳐도 여전히 일본군 절반에도 미치지 못했지만, 그들은 이치의 구불구불한 산길에 목책과 녹각을 설치한 뒤 공격을 기다렸다.

이 전투에서 조선군은 황진 장군이 일본군의 총탄에 쓰러지고, 목책이 뚫려 문신인 권율 장군이 백병전까지 해야 할 정도의 악전고투 끝에 일본군과 맞서 싸우며 버텼다. 이런 식의 싸움이 계속되었다면 결국 모두 장렬히 전멸하고 말았을 것이다. 이렇게

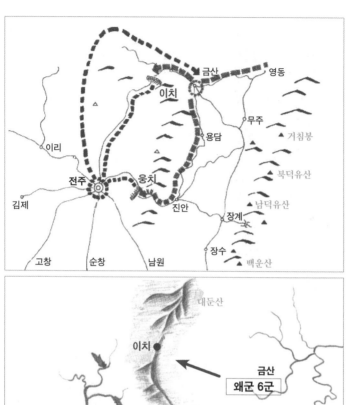

왜군의 전주성 침투 경로
이치전투와 웅치전투는 전세를 뒤바꾼 결정적인 싸움이었다.

임진왜란 순국의병 추모비

조선군이 버티고 있을 때, 마침내 별동대가 금산을 공격한다는 소식이 전해졌다. 그러자 일본군은 황급히 퇴각할 수밖에 없었다. 이로써 전라도를 일본에 빼앗기지 않았고, 조선은 멸망의 위기를 벗어났다. 다만 애석하게도 금산을 공격하는 역할을 맡았던 의병장인 고경명, 조헌, 영규는 모두 장렬히 싸우다 순국했다.

행주대첩의 예고편, 독산성전투

이치에서 승리한 권율 장군은 전라도를 지켜 냈다는 공로에 만족하지 않고, 승리한 병력을 몰고 한양 탈환을 위해 북상했다. 병력도 1만 명으로 늘었다. 겨우 지켜 낸 전라도를 버려두고 서울로 올라가는 것이 무모해 보이겠지만 지리의 눈으로 보면 그 수밖에 없었다.

금산을 공격하던 충청도 의병들이 무너진 상황에서 전라도만 계속 지키면 일본군이 금산을 거점으로 2차, 3차 계속 공격해 올 것이다. 충청도의 일본군이 전라도 쪽을 넘보지 못하게 할 방법은 전라도의 조선군이 한양 탈환을 위해 북상하는 것이었다.

당시 북쪽에서는 5만 명의 조선-명나라 연합군이 평양과 개성을 탈환하고 한양 탈환을 노리고 있었다. 6만 명의 일본군이 이에 맞서며 팽팽한 균형을 이루고 있었다. 이때 남쪽에서 올라오는 조선군이 한양을 공략한다면 이 균형이 단숨에 무너진다. 그러니 충청도의 일본군이 이들을 저지하기 위해 북상할 수밖에 없다.

그런데 전라도에서 한양까지 단숨에 진격할 수는 없었다. 그 랬다가는 용인 참패의 어리석음을 반복할 뿐이다. 이동하는 도중에 평지에서 일본 6군과 마주치면 몰살당하는 것이다. 그렇다고 일본 6군을 그냥 둘 수도 없었다. 그들이 한양에 있는 일본 본진에 합류하면 북쪽에서 내려오는 조명연합군이 큰 곤란에 빠질 수 있었다.

이번에도 싸울 자리가 가장 중요했다. 병력으로나 전투력으로나 열세인 조선군이 몇 배 강력한 일본군에 맞서 버틸 수 있는 곳, 그러면서도 동시에 가능하면 많은 일본군을 끌어들일 수 있는 곳이 필요했다. 한마디로 일본군이 포위공격하지 않으면 안 되는 곳, 그러면서도 장기전으로 버틸 수 있는 곳에 군대를 주둔시켜 되도록 많은 일본군을 묶어 두어 북쪽의 조명연합군에게 시간을 벌어주어야 했다.

그런 곳이 찾는다고 바로 나오지는 않을 것이다. 평소에 얼마나 많은 지리 정보를 가지고 있었느냐가 중요하다. 권율 장군이 선택한 자리는 오늘날 경기도 오산시에 있는 독산성이다. 권율이 용인에서 5만 명의 조선 근왕군이 1,600명의 일본군에게 궤멸되는 치욕적인 패전에서 살아남은 병력을 수습해 전라도로 퇴각할 때 이미 봐 두었던 지역이다.

그런데 독산성은 이름이 좋아 산성이지, 막상 가서 보면 산이라 부르기 민망한 해발 200미터도 안 되는 야산에 자리 잡고 있다. 하지만 산이 항아리처럼 생겨서 정상 부위에는 비교적 넓은 평지가 있어 군대가 주둔해 방어하기 좋은 지형이고, 낮은 산이지만 주변이 온통 평야라 맨눈으로 사방 100킬로미터 범위를 훤히 볼 수 있다. 그 범위 안에는 남부 지방에서 한양으로 이동하는 길목, 오늘날의 경부고속도로와 경부선 철도가 들어 있다. 한양으로 이동하는 일본군이 훤히 보이는 곳이다. 일본 입장에서는 이런 전망대를 조선군에게 내줄 수 없다.

무려 3만 명의 일본군이 독산성으로 몰려들었다. 북쪽 조명연합군의 부담을 덜어 준다는 목적은 확실히 달성한 셈이다. 그렇다면 오래 버티는 일이 남았다.

임진왜란 때 사용된 총통, 조선 최초의 시한폭탄 비격진천뢰

그런데 독산성 지형이 절묘했다. 아무리 병력이 많아도 좁은 진입로로 줄을 서서 들어가야 했다. 그러면 산성 위의 조선군은 마치 독 안에 든 쥐처럼 된 형세로 이 지역에 줄줄이 들어오는 일본군에게 집중사격을 퍼부을 수 있었다. 어떻게 이런 장소를 찾아 자리를

독산성전투와 세마 상상도
왜군에 맞서 조선 관군과 의병이 이룬 대첩으로, 행주대첩의 밑거름이 된 전투였다. 아래는 현재의 모습이다.

잡았는지 감탄할 수밖에 없다.

　일본군 역시 지리에는 지리로 맞섰다. 독산성 주변의 지형을 분석한 뒤 수맥을 찾아 끊어 버린 것이다. 샘이나 우물이 있어도 1만 명의 병력이 마실 물을 공급한다는 게 보통 일이 아니었을 것이다. 그런데 수맥을 끊어 버리면 하루 이틀 만에 항복하고 나올 수밖에 없다. 이제 시간은 일본군 편이 되었다. 무리하게 공격하는 대신, 조선군이 목말라 죽거나 견디지 못하고 나오기를 기다리는 것이다.

이번에는 권율이 꾀를 냈다. 일본군이 기다리는 것이 무엇인지 알아채고 일본군에게 잘 보이는 위치에 말들을 데려와 말 잔등 위에 쌀을 들이붓는 퍼포먼스를 했다. 이게 멀리서 보면 마치 말 잔등 위에 물을 붓는 것처럼 보였다. 우리는 말을 씻을 정도로 물이 많으니 너희들의 작전은 실패라고 과시한 것이다. 여기에 속아 넘어간 일본군은 사기가 떨어져 퇴각했고, 권율은 퇴각하는 일본군을 기습해 큰 승리를 거두었다.

임진왜란의 3대 대첩, 행주대첩

독산성에서 승리한 권율 장군은 승리의 기쁨을 만끽할 틈도 없이 신속하게 한양을 향해 북진했다. 일본군도 승리한 권율이 독산성 요새를 그렇게 빨리 버리고 이동할 것이라고는 예상하지 못했다. 더구나 권율은 1만 명밖에 안 되는 병력을 또 셋으로 분산해 오늘날 서울 양천구와 경기도 김포에 두 부대를 배치하고, 자신은 3,000명의 군사만을 이끌고 한강을 건너 행주산성(현재 경기도 고양시와 서울 경계)에 자리 잡았다. 다 모여도 일본군 절반이 안 되는 병력인데 이걸 분산 배치하다니 무슨 짓인가 싶겠지만 다 이유가 있다. 물론 지리적인 이유다.

당시 각 병력의 위치를 지도로 확인해 보자. 평양과 개성을 탈환한 명나라 제독 이여송은 내친김에 한양까지 돌격하다 벽제관(현재 경기도 고양시)에서 참패하고 큰 부상까지 입었다. 기가 죽은 이여송은 파주

임진왜란에서 활약한 신무기, 신기전과 화차

를 경계로 대치할 뿐, 적극적으로 한양을 탈환하려는 의지를 보이지 않았다.

한편 일본은 한양을 지키기 위해 6~10만을 넘나드는 병력을 집중시켰다. 문제는 해상 보급로가 이순신 장군에게 차단당한 상황에서 단기간에 많은 식량을 어떻게 확보할 것인가 하는 것이었다. 이들이 취할 수 있는 방법은 현지 조달, 즉 약탈뿐이었다.

한양 주변의 곡창지대는 양주평야와 김포평야다. 그런데 양주평야로 가는 길목은 수락산, 불암산 등 험한 산을 넘어야 했는데, 그 산길을 평양과 벽제 전투에서 일본군을 공포에 떨게 했던 맹장 고언백 장군이 철통같이 지키고 있었다. 반면 김포에는 이렇다 할 산이나 방어 시설이 없다. 당연히 일본군은 김포를 털어서 식량을 조달하려고 했다.

이제 권율이 독산성에서 승리하자마자 서둘러 병력을 분산 배

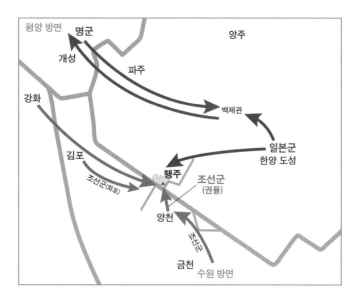

평양 방면 명군 양주

개성

파주

강화

백제관

김포 일본군
한양 도성

조선군(화포) 행주

조선군
(권율)

양천

조선군

금천

수원 방면

행주대첩 지도

치한 이유를 알 수 있다. 두 부대는 식량이 간절한 일본군이 김포로 진입하는 길목을 지키고, 권율 자신은 파주에 주둔한 조명연합군 본대와 협력할 수 있는 행주산성에 자리 잡은 것이다. 김포 길목에 병력을 배치한 이상 일본군이 김포를 약탈하려면 많은 전투병을 동원해야 하는데, 그러면 파주의 조명연합군과 행주의 권율 부대가 한양 탈환 작전에 나설 수 있게 된다. 이렇게 신속하게 부대를 절묘한 자리에 배치한 것을 보면 권율 장군은 현장에 도착하기 전에 이미 군대를 어디에 주둔시킬지 꼼꼼히 답사한 뒤 정해 두고 있었을 것이다. 미리 해 둔 지리 공부, 이것이 바로 권율 장

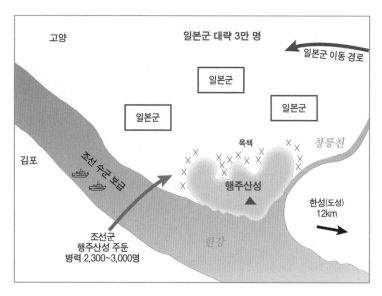

행주대첩 당시 권율 장군이 선택한 전쟁터의 지리

군과 신립 장군의 결정적 차이였다.

행주산성은 위치뿐 아니라 지형도 절묘하다. 동서남 세 면은 한강과 창릉천이 휘감아 돌아 천연 해자의 역할을 한다. 결국 일본군은 성을 포위하지 못하고 북쪽 한 방향에서만 공격해야 하는데, 여기도 습지가 많아 빠른 돌격이 어렵다. 등 뒤로 한강이라 배수진처럼 보이지만 이순신 장군이 제해권을 장악한 덕분에 수군이 한강까지 올라와 행주, 양천, 김포로 보급품을 실어다 주는 상황이라 배수진 하면 떠오르는 그런 절박함과는 거리가 멀다.

그런데도 일본군은 행주산성을 반드시 공격해야 했다. 여기를

행주대첩 기록화

정리해야 김포를 공략할 수 있고, 파주에서 내려오는 조명연합군을 막는 데 병력을 집중시킬 수 있었다. 권율은 일본군이 공격하지 않으면 안 되는 자리, 그러면서 조선군이 적은 병력으로 버틸 수 있는 자리를 잡는 데 또다시 성공했다. 한 번은 우연이지만 세 번은 필연이다. 어떻게 이런 자리들을 알고 있었을까? 나이 40살이 넘도록 과거 공부 안 하고 전국을 떠돌며 놀았다는 기록이 단서가 될 것 같다. 그냥 놀러 다닌 것이 아니라 지리 답사를 하며 다녔던 것은 아니었을까? 장수가 된 후에도 전투 전에 반드시 선발대를 보내 꼼꼼히 조사했다고 한다. 요즘 같으면 지리 덕후가 아니었을까 싶다.

일본군은 병력이 10배나 되었지만 포위섬멸전을 펼치지 못하고 같은 수의 병력을 여러 차례 나누어 차례로 투입해야 했다. 이런 상황을 군사학에서는 축차 투입이라고 하는데, 전술적으로는 최악의 선택이다.

덕분에 행주산성전투는 압도적인 일본군 병력에 포위당하는 대신에 해볼 만한 숫자의 일본군이 습지에서 허우적대며 연거푸 돌격해 오

권율 장군 초상화

는 방식으로 진행되었고, 조선군은 그런 일본군에게 포탄과 화살을 쏟아부으며 대응했다.

행주대첩은 일본군 한두 부대를 상대로 승리한 전투가 아니다. 일본군 고위 장수들이 모두 참가한 본진을 격파한 전투다. 일본의 조선 침공 총사령관인 우키다 히데이에의 본진 군단, 최강의 주력부대를 이끌던 모리 군단, 신립 장군의 목숨을 앗아간 바로 그 고니시와 일본 서부지역군 사령관 이시다 미쓰나리의 군단이 몽땅 행주산성을 공격했다. 이 싸움에서 당시 일본군 서열 1, 2위인 우키다와 이시다가 나란히 치명상을 입었고, 조선인의 생명을 가장 많이 앗아간 고니시의 부대가 전멸했다. 사실상 본진이 무너

행주산성에 있는 행주대첩비
임진왜란 당시 행주대첩을 승리로 이끈 권율 장군의 공을 기념하기 위해 장군의 부하들
이 세운 비다.

진 일본군은 물러날 수밖에 없게 되었다. 이렇게 임진왜란은 조선
의 역전승 쪽으로 저울추가 기울었다.

　행주대첩은 한산도대첩, 진주대첩과 함께 '임진왜란의 3대 대
첩'으로 꼽힌다. 그만큼 중요한 승리였다. 우리는 임진왜란의 역
사를 배울 때 주로 정신적인 면을 강조한다. 크나큰 국란을 민중
의 단결과 투혼으로 물리쳤다는 식으로. 하지만 전쟁의 승패를 가
르는 차이는 하늘(명분)과 땅(지리)과 사람(인화, 단결), 이 세 요소를
얼마나 잘 조화시키느냐에 있다. 일본이 명분 없는 전쟁을 일으키
고, 조선 백성이 단결하여 용감하게 싸웠더라도 지리를 제대로 활
용하지 못했다면 그 결과는 장렬한 최후가 되고 말았을 것이다.

6장

섬나라와 반도 국가

민족성인가? 지리인가?

끊임없이 침략을 통해 대륙으로 진출하려는 나라,
일본은 왜 무사의 나라가 되었을까?

섬나라와
반도 국가

이번에는 임진왜란을 일으킨 일본으로 지리의 눈을 옮겨 보
자. 당시 조선군은 일본군과 근접전을 피했다. 개개인의 전투력
에서 일본이 월등했기 때문이다. 조선군은 장기인 활을 사용해 가
능하면 먼 거리에서(조선의 활은 일본군 조총보다 사정거리가 길었다)
사격하고, 일본군이 근접전을 펼치지 못하도록 성벽이나 목책을
적극적으로 활용했다.

여기서 드는 궁금증은 어쩌다 일본은 막강한 전투력을 가진
무사의 나라가 되었나 하는 점이다. 반면에 반도 국가인 조선은
중국이나 일본으로부터 침입당하거나, 침략의 경유지가 되는 경
우가 잦았다. 무사의 나라가 아니라 선비의 나라였다. 이런 차이
를 일본 사회가 무사를 우대하고, 최고의 인재들이 무사가 되었기

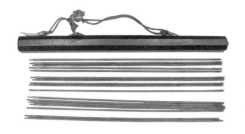
조선시대의 활과 화살

때문이라고 대답할 수는 있다. 그럼 왜 일본 사회는 무사를 우대했을까? 전쟁을 좋아하는 민족성 때문일까?

민족성인가? 지리인가?

답은 간단하다. 싸움이 잦았기 때문이다. 일본은 섬나라라 외적의 침략을 거의 받지 않았지만, 내부 싸움은 아주 치열했다. 에도시대 전까지 일본 역사는 수많은 싸움의 역사다. 오죽하면 수도 이름을 헤이안(평안, 오늘날 교토)이라 지었을까? 하지만 그런 이름에도 불구하고 수만 명의 무사가 헤이안 시내에서 10년이나 치열한 시가전을 벌이기도 했다(오닌의 난이다). 왜 그랬을까? 지리에 답이 있다.

일본은 국토의 80퍼센트가 산이며, 환태평양조산대에 속해서 높고 험한 산악 지형을 이룬다. 20퍼센트 정도에 불과한 평야도 대부분 간토평야에 몰려 있다. 그 밖에는 간사이, 주고쿠 등 몇몇 평야를 제외하면 여기저기 흩어져 있는 분지가 전부다. 그나마 최대 규모인 간토평야는 16세기 후반, 도쿠가와 이에야스가 개발하기 전에는 미개척지나 다름없었다.

분지가 많은 지형에서는 통일된 나라가 만들어지기 어렵다.

동북아시아와 일본

각 분지 단위로 형성된 정치 세력이 산길을 틀어막아 외부의 침입을 막고서 독립을 지킬 수 있기 때문이다. 일본 역사의 시작이라고 할 수 있는 야요이시대(기원전 3세기경-기원후 3세기)부터 센고쿠시대(1467-1615년)까지, 일본은 험준한 산맥 사이에 자리 잡은 분지 한두 지역을 차지한 정치 세력의 연합과 다툼이 끊임없이 일어나는 무대였다. 그나마 오사카 근방이 비교적 넓은 평야가 펼쳐져 있어 이 지역을 차지한 세력이 다른 지역보다 더 강했지만 다른 세력들을 완전히 통제할 정도는 아니었다.

139

중앙정부의 힘이 지방에 온전히 미치지 못하면 세력 간 다툼을 조정하기 어렵다. 따라서 지방 세력은 중앙정부의 중재를 기대하지 않고 스스로 무장해 자신을 지킨다. 각 마을이나 장원 역시 스스로 무장했다. 이 과정에서 자연스럽게 무사가 우대받는 풍토가 생겼다.

그런데도 일본이 여러 나라로 갈라지지 않고 느슨하나마 하나의 조정을 구성할 수 있었던 까닭은 큰 물길이 하나 있었기 때문이다. 혼슈와 규슈, 시코쿠 사이의 좁은 바다인 세토내해가 바로 그것이다. 세토내해는 혼슈와 규슈의 끝부분인 시모노세키, 모지(오늘날 기타규슈) 사이의 좁은 해협에서 시작해 오사카까지 이어지는 좁은 바다다. 오사카에서 규슈까지 큰 강이 하나 있는 것과 같은 모양이다.

오사카나 교토에 자리 잡은 조정의 영향력은 이 세토내해가 연결되는 해안선을 따라 이어졌고, 중국, 한반도 등 대륙과의 문화교류 역시 세토내해를 따라 이루어졌다. 규슈 북단은 외국 문물이 들어오는 입구이며, 오사카는 그것이 도착하는 종점이다. 자연스레 일본 문명은 이 두 지역을 잇는 바닷가를 중심으로 발달했고, 여기서 멀리 떨어질수록 정부의 영향력이 느슨해졌다. 이 바닷길마저 통하지 않는 오사카 동쪽 지방은 교통이 불편한 탓에 발전도 느리고 지방 세력이 더욱 강하게 형성되었다.

그런데 아무리 좁은 바다라도 바다는 바다다. 언제나 파도, 조

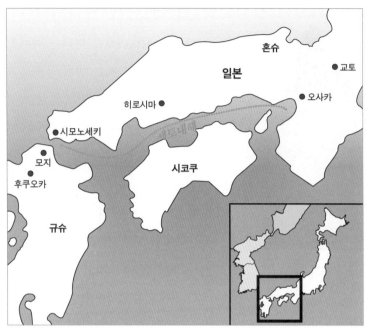

세토내해
에도시대 이전까지 후쿠오카-오사카 사이의 바다(세토내해)를 중심으로 여러 도시가 형성되었다. 세토내해 범위까지가 전통적인 일본의 영역이었다.

류, 암초 같은 위험이 도사리고 있다. 따라서 바닷길로 이동하려면 강보다 훨씬 튼튼한 배와 노련한 선원이 필요하다. 이런 배를 만들고 다루는 기능은 대체로 폐쇄적인 세습집단인 경우가 많아서 명목상 조정 소속이지만 실제로는 자치 세력이나 다름없다. 일본뿐 아니라 우리나라도 장보고의 청해진이 해상왕국을 이루고, 이후 송악을 기반으로 한 왕건의 해상 세력이 고려를 세웠던 사례가 있다.

해상을 지배한 장보고 장군

따라서 세토내해를 따라 규슈에서 오사카까지 어느 정도 연결은 되었지만, 오사카 지역에 자리 잡은 조정이 지방 구석구석까지 관리를 파견해 완전히 통제할 수 있는 수준은 아니었다. 지방 세력이 독자성을 유지하는 나라는 자연스럽게 무사의 지위가 높다. 중세 유럽에서 전문 무사인 기사가 귀족 계층의 중추를 이룬 것도 이 때문이다.

따라서 일본에서는 능력과 뜻이 있는 젊은이라면 학문보다 무사의 길을 선택했을 것이다. 특히 중앙 정부의 영향력이 행사되던 세토내해 범위 바깥 지역, 즉 교토 동쪽의 주고쿠 지방과 규슈 남쪽의 가고시마, 미야자키 지방은 더욱 그랬을 것이다. 그래서인지 이름난 무사들은 대체로 이 두 지역 출신이다. 특히 규슈 남부 지방은 한때 남자 3분의 1이 무사였다는 말이 나올 정도였다. 지금도 일본에서는 '규슈 남자'라고 하면 거칠고 투쟁적인 스타일이라는 선입견이 남아 있다.

일본을 무사의 나라로 만든 또 다른 배경은 상업이다. 전쟁은 엄청난 돈과 물자를 요구한다. 따라서 일본에서는 여러 지방을 다니며 물자와 자금을 공급하는 상인 활동이 활발했다. 지방 세력이

선비의 나라, 무사의 나라
선비가 양반 관료로 지배한 조선과 무사가 지방 세력가가 되어 지배한 일본은 지배층 형성의 역사가 다르다.

조선의 문인, 일본의 무사

상인을 후원하거나 육성하는 경우도 많았다.

상인을 그저 장사나 하는 사람이라고 생각하면 안 된다. 상인은 언제든 도둑이나 강도의 표적이 된다. 따라서 상인은 큰 집단을 이루어 돌아다녔고, 그 자체로 무장 세력을 겸하기도 했다. 형제 중 형은 상회를 맡고, 동생은 무사가 되는 방법도 자주 활용되었다. 이들은 평화 시에는 상인이지만 위협을 느끼면 바로 무사로 변신했다. '사무라이' 신분을 가진 사람들만 무사가 아닌 것이다. 상인 출신 사무라이도 적지 않았다. 임진왜란의 선봉장이었던 고니시, 메이지유신의 영웅 사카모토 료마 같은 이름난 사무라이도 상인 가문 출신이다.

심지어 일본에서는 승려도 무장 세력이었다. 종교 시설에는 돈이 모이기 때문에 도둑이나 강도의 표적이 되기 쉽다. 특히 신도가 많은 대규모 사찰은 지방 세력가들이 탐낼 정도의 돈이 모여들었다. 우리나라에서도 무신정권 시절 권력자들이 사찰을 약탈한 사례가 있다. 따라서 사찰은 스스로 무장해 도적 혹은 지방 세력으로부터 재산을 지켰다. 일본과 마찬가지로 지방 세력으로 자주 분열되었던 중국 역시 사찰이 스스로 무장 세력이 되어 재산을 지킨 역사가 길다. 그중 소림사가 가장 유명하다.

중앙집권 국가인 조선

반면 우리나라는 후삼국시대를 끝으로 지방 세력이 난립하는 시대가 끝나고, 고려와 조선이라는 중앙집권 국가가 계속 이어졌다. 조선 조정은 중앙집권을 유지하기 위해 의도적으로 상업을 억제하기도 했다. 상업이 발달하면 농토에 붙어 있지 않고 돌아다니는 사람들, 즉 통제하기 어려운 사람들이 늘어나기 때문이다. 여러 지역을 돌아다니는 상인은 호적을 만들어 관리하기도 어렵고, 세금을 매기고 군역이나 부역에 동원하기도 어렵다. 백성들이 자기가 태어난 땅에 딱 붙어사는 것이 중앙정부가 통제하기에는 가장 좋다.

그래서 조선은 농산물 외의 특별한 물품 생산과 조달은 조정이 관리하는 특정한 업자를 지정해 생산하거나, 특정 지역에 할당해 조공으로 받아 내는 방식으로 해결했다. 중국 역시 원말 명초 혼란기가 수습되고 황제의 권력이 튼튼해진 이후에는 해금령을 통해 무역을 억제했다.

우리나라가 일본에 비해 중앙집권 국가를 이루기 쉬웠던 까닭 역시 지리에 있다. 한반도의 지형은 서해안을 따라 평야 지역이 남북으로 길게 뻗어 있다. 평양을 중심으로 하는 관서 지방에서 호남 지역까지, 특별한 지리적 장벽 없이 순탄하게 이동할 수 있다. 산맥이 가로막고 있다 해도 한반도의 산은 높이가 일본의 절반 수준이며, 대체로 완만한 구릉을 이루기 때문에 고갯길로 쉽게 넘나들 수 있다. 또 한강과 낙동강이 매우 넓은 지역을 휘감고 흘러가기 때문에 수많은 분지를 연결해 주는 고속도로 역할을 한다.

따라서 한반도는 지방 세력이 독립하기 쉽지 않은 곳이다. 실제로 고려 이후 지역을 기반으로 하는 반란이 성공한 경우가 거의 없다. 반면에 일본은 에도막부 말기 사쓰마·조슈라는 지방 세력이 막부를 타도하고 메이지혁명을 일으켰고, 중국은 태평천국운동이 한때 독립국가나 다름없는 세력을 이루었다. 하지만 우리나라는 조선 말기의 그 허약한 조정조차 북쪽 홍경래의 난, 남쪽의 동학운동을 결국은 진압해 냈다. 여기엔 지형의 차이가 크다는 분석을 넣을 수밖에 없다.

결국 일본이 무사의 나라가 된 까닭은 민족성 때문이 아니다. 즉, 우리 민족은 평화를 사랑하고, 일본 민족은 싸움을 좋아해서가 아니다. 우리 민족과 일본 민족은 유전적으로는 가까운 민족이다. 이렇게 유전적으로 가깝더라도 서로 다른 지리적 환경에서 생활하게 되면 결국 전혀 다른 성향의 민족으로 발전하게 된다.

물론 일본이 무사의 나라라는 것 역시 옛일이 되었다. 도쿠가와가 일본을 완전히 통일하고 중앙집권 국가를 수립한 에도시대 이후에는 지방 세력 간의 무력충돌도, 무사에 대한 수요도 사라졌다. 무사들은 자연스럽게 정부 관료로 흡수되었고, 사무라이는 무사가 아니라 관료가 될 수 있는 신분을 뜻하는 말이 되었다. 물론 에도시대에도 사무라이는 칼을 두 자루씩 차고 다녔지만, 무기가 아니라 일종의 의전 도구가 되었다. 그마저도 무겁다고 칼 손잡이에 부채를 붙여 칼집에 꽂아서 다니는 경우도 많았다.

일본 사무라이의 이런 모습은 실제로는 타고난 민족성이라는 것은 없고, 다만 지리적·문화적 환경의 결과일 뿐이라는 점을 잘 보여 준다. 만약 전국시대 때 일본을 방문한 외국인이라면 일본인은 공격적이고 잔인하다고 생각했을 것이고, 에도시대 때 일본을 방문한 외국인이라면 일본인은 탐미적이고 예의 바르다고 표현했을 것이기 때문이다. 지리는 실체 없는 민족성보다 더욱 잘 사회를 대변한다.

7장

바다가 바꾼 육지의 운명
· 첫 번째 이야기

스칸디나비아와 러시아, 그리고 조선

사람들은 끊임없이 바다를 탐험했고, 바닷길을 개척했다.
바다는 어떻게 인간의 역사를 바꾸어 왔을까?

지금까지 지리의 눈으로 우리나라와 일본 역사의 몇몇 장면을 살펴보았다. 이제 지리의 눈을 더 먼 세계까지 펼쳐 보자.

눈을 세계로 펼치려면 반드시 마주치는 물리적 장벽이 있다. 바로 바다다. 바다에서는 사람이 살 수 없다. 하지만 사람이 살 수 없는 바다를 어떻게 바라보느냐에 따라 많은 나라와 민족이 운명을 달리했다. 지리는 육지에 대한 지식만이 아니다. 지구에 대한 지식이며, 지구 표면의 70퍼센트는 바다로 덮여 있다. 바다를 알지 못하고서는 지리를 안다고 말할 수 없다.

바다는 세계로 이어지는 길

그런데도 우리는 세계지도를 펼치면 일단 "어디가 육지고, 어디가 바다냐?"부터 구분한다. 바다를 중심으로 세계지도를 보는 경우는 드물다. 세계지도에서의 바다는 대륙이 아닌 곳, 일종의 여백 취급을 받는다. 하지만 바다는 육지의 여백이 아니다. 바다를 다른 나라, 다른 대륙과 우리 사이를 가로막는 장벽, 세계의 끝으로 바라보는 나라와 다른 나라, 다른 세상으로 나아갈 수 있는 길로 보는 나라의 역사는 엄청나게 다르다.

철도, 자동차, 비행기가 등장하기 이전에 바다는 먼 나라로 가는 가장 편리한 길이었다. 바다는 배를 잘 다룰 수 있게 되면 거센 풍랑을 만나지 않는 한, 사막이나 산맥은 물론 순탄한 평지를 이동하는 것보다도 편하고 빠르게 이동할 수 있다. 짐을 나르기 위해 식량을 소모하는 가축을 활용할 필요도 없다. 아무리 먼 거리를 항해하더라도 배는 먹이를 요구하지 않고 잠도 자지 않는다. 물때와 바람 때를 잘 맞추면 스스로 간다.

그렇다고 바다가 배만 띄우면 공짜로 이동할 수 있는 곳은 아니다. 풍랑이나 암초를 만날 수도 있고, 거센 해류나 조류에 휩쓸릴 수도 있다. 해류나 조류는 상상 이상으로 빠르기 때문에 일단 휩쓸리면 동력기관이 없는 근대 이전의 배는 흘러가는 수밖에 없었다. 나침반을 항해에 활용하기 이전에는 항로를 벗어나 육지가 전혀 보이지 않는 망망대해로 밀려나면 현재 위치조차 파악하기 어려웠다. 그래서 13세기 이전, 대부분의 바닷길은 해안선이나 이미 알고 있는 섬을 눈으로 확인할 수 있는 곳을 따라 이어졌다.

이런 어려움과 두려움에도 사람들은 끊임없이 바다에 도전했고, 경험을 계속 쌓아 가며 바닷길을 개척했다. 바다에서 길을 개척한다는 것은 암초의 위치, 특정 시기나 위치에 따른 바람, 해류, 조류의 방향, 특정 계절과 위치에 따른 별자리의 분포와 각도, 주요 상륙 지점 등에 관한 정보를 축적해 지리 지식을 확장하는 것이다. 이런 과정을 거쳐 사람들은 바다를 길로 이용해 멀리 떨어진 곳까지 이동할 수 있게 되었다.

바이킹, 서양의 역사를 바꾸다

바다에 길이 생기면 육지도 바뀐다. 이전에는 전혀 관계없는 지역, 아주 멀리 떨어져 있다고 생각했던 나라가 아주 밀접한 관계를 맺는 나라, 혹은 위험이 되는 나라로 바뀐다. 이렇게 바닷길이 바꾸어 버린 역사를 말하려면 바이킹을 빼놓을 수 없다.

바이킹은 덴마크와 스칸디나비아반도 지역에 거주하면서 배를 타고 유럽 여러 나라를 약탈하던 북게르만족(노르드족)의 일파다. 바이킹이라는 민족이 따로 있는 것은 아니고, 이 일대에 살던 여러 부족을 통칭해 이렇게 불렀다.

바이킹의 항해를 묘사한 그림

153

이들은 8~11세기까지 중세 유럽 세계를 공포의 도가니로 몰아넣었다. 뛰어난 철기 제조술, 전투력, 항해술을 바탕으로 물이 닿는 곳이면 어디든 나타나 약탈을 일삼았다. 하지만 바이킹이 단지 약탈자, 문명 파괴자이기만 한 것은 아니었다.

이들이 휘젓기 전까지 중세 유럽 사회는 좋게 말하면 안정적이고, 나쁘게 말하면 정체된 상태였다. 유럽 세계는 영주가 다스리는 크고 작은 장원들로 흩어져 있었고, 이 장원들은 고립된 자급자족 경제 단위로 서로 간에 교류가 거의 일어나지 않았다. 인구 대다수를 차지하는 농노는 장원을 떠나는 것이 금지되어 평생 농사만 지어야 했고, 영주 역시 때때로 군주의 부름을 받아 전쟁에 참여하지 않으면 각자의 장원에서 고립된 생활을 했다.

그런데 느닷없이 바이킹이 나타났다. 별자리를 보고 방위를 읽을 수 있던 바이킹은 사방이 수평선인 먼바다도 항해할 수 있었기 때문에, 유럽인의 생각에 도저히 항해가 불가능할 것 같은 먼 지역까지 불쑥불쑥 나타났다. 바다를 땅의 끝으로 생각했던 사람들에게 바다를 길로 사용하는 사나운 이민족이 나타난 것이다.

당시 게르만족이 세운 서유럽 여러 나라는 이미 훈족, 마자르족, 무슬림의 침략을 겪었고, 이들을 어떻게든 막아 냈다. 하지만 바다로부터 몰려오는 바이킹 앞에서는 육상 침입에 맞춰 구축한 방어 시설과 병력도 무용지물이 되어 버렸다.

심지어 바이킹은 내륙 깊숙한 곳에도 나타났다. 바다에서 강

약탈자이자 교역자였던 바이킹의 배와 유적지

금·은 교역에 사용된 바이킹의 주화 중량계

물을 따라 내륙 깊숙이 침투한 것이다. 유럽 여러 나라는 강을 고속도로 삼아 내륙으로 치고 들어오는 바이킹 앞에서 속수무책이었다. 강물을 따라가는 바이킹 함대를 보며 그저 우리 마을을 지나쳐 가길 비는 수밖에 없었다. 당시 유럽에서 가장 부유한 도시였던 '내륙 도시' 파리는 센강을 거슬러 올라오는 바이킹의 현금지급기나 마찬가지였다.

당시 바이킹의 약탈 품목을 보면 이들이 그저 야만족만은 아니었다는 것을 알 수 있다. 이들은 닥치는 대로 약탈하기보다는 은을 집중적으로 털어 갔다. 당시 은은 세계에서 가장 보편적으로 사용되던 화폐였다. 바이킹 유적지에서는 서유럽 은화뿐 아니라 비잔티움제국이나 이슬람 왕국의 은화도 많이 나왔다. 은을 이토록 많이 가졌다는 것은 이들이 활발하게 무역했다는 뜻이다. 바이킹은 단지 약탈하는 야만족이 아니라 국제 무역업자였던 것이다. 이들은 상대가 만만하면 약탈했지만, 만만치 않으면 거래했다. 상대적으로 발전이 늦은 서유럽은 약탈 대상, 부유한 비잔티움제국과 이슬람 왕국은 거래 상대였다. 콘스탄티노플(이스탄불)과 바그다드가 중국의 장안(시안)과 더불어 세계에서 가장 부유한 도시로 꼽혔던 시절이다. 바이킹은 약탈뿐 아니라 이 부유한

러시아-동유럽을 관통하는 드네프르강

도시들의 선진 물품을 서유럽에 판매해 막대한 이익을 거두었다.

그런데 지도를 보면 바이킹이 콘스탄티노플에서 무역한다는 것이 선뜻 이해가 안 간다. 스칸디나비아반도와 콘스탄티노플은 거의 유럽 대륙의 끝에서 끝에 있다. 이 먼 거리를 걸어서 이동한다는 것은 상상하기 어렵고, 배를 이용하더라도 유럽 대륙을 완전히 한 바퀴 돌아서 가야 한다. 아무리 항해에 능한 바이킹이지만 이건 좀 무리가 아닐까?

물론 바이킹은 유럽을 한 바퀴 돌아가는 항해를 하지 않았다. 훨씬 빠른 지름길이 있었다. 바로 유럽 대륙 한가운데를 종단하는 드네프르강이다. 코스는 이렇다. 배를 타고 스칸디나비아를 떠나 핀란드만으로 들어선 뒤, 거대한 라도가호수(러시아)로 이동한다. 핀란드만과 라도가만 사이의 요충지에 형성된 도시가 바로 오늘날 러시아의 중심 도시 상트페테르부르크다. 드네프르강은 라도가호수에서 비옥한 우크라이나 평야 지대를 지나 흑해까지, 그야말로 동유럽을 종단하며 내려간다. 이렇게 바이킹은 스칸디나비아에서 비잔티움제국, 이슬람 왕국 앞까지 배를 타고 이동할 수 있었다.

바이킹이 세운 나라들

물론 아무리 배에 능한 바이킹이라도 긴 항해는 부담스러우므로 큰 강 중간 지점에 거점 도시를 만들었다. 바이킹은 적응력이 뛰어나고 특정한 삶의 방식을 고집하지 않는 종족이다. 고향보다 살기 좋은 땅을 찾으면 미련 없이 배를 버리고 정착 생활을 시작했고, 꼭 배를 타고 다니는 생활을 최고로 치며 고집하지도 않았다. 농사짓기 좋은 땅을 차지하면 농민이 되었고, 장사하기 좋은 땅을 차지하면 상인이 되었다.

이렇게 바이킹이 정착해 세운 도시 중 가장 큰 도시가 드네프르강 중간 지점에 세운 무역 거점 도시 키이우(키예프, 오늘날 우크라이나의 수도)다. 바이킹은 민족의 순수성을 고집하는 폐쇄적인 부족이 아니라서 일단 정착하고 나면 "아니, 쟤들 바이킹 맞아?"

소리가 나올 정도로 빠르게 현지화되었다. 그래서 드네프르강 유역에서 바이킹과 슬라브족이 섞인 루스족(Rus, 오늘날 러시아인, 벨라루스인, 우크라이나인의 기원이 된 민족)이 탄생했다. 이 루스라는 이름은 고대 슬라브어로 "노 젓는 사람"이니, 바이킹에서 유래된 이름임을 짐작할 수 있다.

　루스인이 세운 나라 중 가장 먼저 번영한 나라가 드네프르강 중간을 차지한 키예프공국(키이우공국)이다. 키예프공국은 비옥한 토지 덕분에 농업 생산력도 엄청났고, 비잔티움제국과 서유럽 간의 무역을 통해서 크게 번창했다. 이들은 비잔티움제국, 여러 이슬람 왕국과 교역하면서 그 문화와 종교도 받아들여 바이킹, 슬라브, 그리스와 이슬람 문화가 섞인 독특한 문화를 만들어 냈다. 러시아의 종교는 그리스정교회가 되었고, 옛 그리스문자에서 파생된 키릴문자가 러시아의 문자가 되었으며, 이슬람의 모스크 양식 또한 독특한 러시아 건축 양식에 영향을 끼쳤다.

　바이킹은 러시아와 우크라이나에만 정착하지 않았다. 배가 닿는 곳이면 어디나 자기들 나라를 세웠다. 물론 당시 유럽이 나라 없는 빈 땅이 아니었기 때문에 이는 기존의 나라를 정복하거나 영토를 빼앗았다는 뜻이다.

　바이킹은 영국을 침공해 잉글랜드의 앵글로색슨족 왕국을 멸망시켰고, 프랑스 북쪽 지방에 노르망디공국을 세웠고, 지중해를 반 바퀴 돌아 이탈리아 남쪽에도 나폴리왕국을 세웠다.

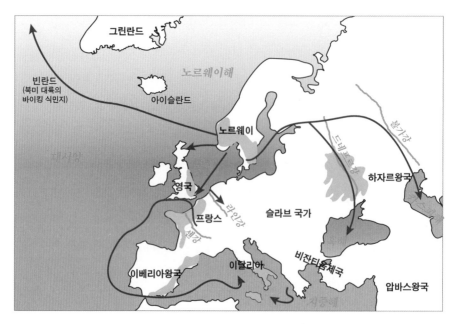

스칸디나비아-유럽-비잔티움제국에 걸친 바이킹 활동 지역(화살표는 이동 경로, 정착 지역은 녹색)

이렇게 배를 타고 다닌 바이킹은 정체되어 있던 중세 유럽 사회를 한바탕 뒤흔들어 다시 활력과 동력을 되찾게 했다. 또한 러시아, 우크라이나 등 동유럽 문화권을 형성하는 데 중요한 역할을 했으며, 바다라고 하면 지중해밖에 모르던 유럽인의 눈을 크게 넓혀 주었다.

러시아제국의 고민, 부동항의 부족

러시아는 세계에서 제일 큰 나라다. 지금도 제일 크지만

1917년혁명 이전 러시아제국 시절에는 지금보다 더 컸다. 지금은 독립국가인 에스토니아, 라트비아, 리투아니아, 카자흐스탄, 우즈베키스탄, 벨라루스, 우크라이나 등 14개나 되는 나라가 그때는 모두 러시아제국의 영토였다.

하지만 그 거대한 영토에도 불구하고 러시아제국의 영향력은 당시 대영제국에 미치지 못했다. 영토가 추운 북쪽에 치우쳐 있어 쓸만한 땅이 의외로 부족한 것도 한 이유였을 것이다. 하지만 러시아의 영토는 시베리아 벌판과 초원을 제외한 이른바 쓸만한 땅(비교적 기후가 온화한 평야 지역)만으로도 독일과 프랑스 영토를 합친 것보다 훨씬 넓다.

문제는 바다다. 러시아는 그 엄청난 면적의 영토에도 불구하고 바다가 거의 없다. 바다는 새로운 세상으로 나가는 통로이기 때문에 세계에 영향을 미치는 나라가 되기 위해서는 바닷길을 자유로이 다룰 수 있어야 한다. 특히 산업혁명 이후 원료 자원과 동력 자원의 공급통로이자 상품 수출통로로서 바다는 더욱 중요해졌다. 유럽에서 패권을 누린 나라인 스페인, 프랑스, 영국은 모두 바다로 자유로이 통한 나라들이다. 하지만 러시아는 이들에 비해 바다가 턱없이 빈약했다.

이렇게 영토가 큰 나라가 바다가 없다니 무슨 말이냐 싶으면 지도를 펼쳐 보자. 다음 지도는 러시아제국이 가장 많은 영토를 차지하고 있던 19세기 말의 판도다. 러시아 영토 북쪽으로 아주

러시아제국의 상트페테르부르크에 자리한 에르미타주궁전

긴 해안선이 펼쳐져 있는 것으로 보이지만, 이 바다는 일 년 중 대부분 얼음으로 덮인 북극해다. 서쪽에는 발트해로 통하는 해안이 있다. 그런데 발트해에서 큰 바다로 나가려면 폴란드, 독일, 스웨덴, 덴마크 사이의 좁은 해협을 통과해야 한다. 러시아는 이 나라들과 우호적이지 않았기 때문에 운신이 쉽지 않았다.

발트해를 통과해도 여전히 바다는 쉽게 열리지 않는다. 이번에는 북해를 통과해야 하는데 남쪽으로 빠지려면 영국과 프랑스 사이의 좁은 해협을, 북쪽으로 빠지려면 영국과 노르웨이 사이의 좁은 해협을 통과해야 한다. 영국이 북해의 수문장인 셈이다. 영국이 대영제국의 세계지배에 도전할 잠재적 도전자 러시아의 대양 진출을 호락호락 허락할 리 없다.

그렇다면 남쪽은 어떨까? 러시아 영토의 남쪽은 대부분 내륙이며 바다는 흑해뿐이다. 그런데 흑해에서 지중해로 나가려면 좁은 보스포루스해협과 다르다넬스해협을 통과해야 하고, 이곳은 오스만튀르크제국(튀르키에, 이하 오스만제국)의 영토다.

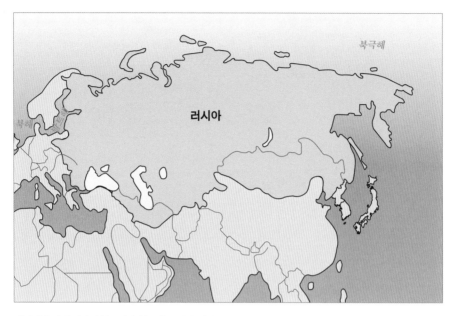

세계에서 가장 넓지만 부동항이 부족한 19세기 러시아 영토

러시아는 쇠락해 가던 오스만제국을 압박해 흑해 연안의 많은 영토를 빼앗았다. 특히 다뉴브강 하구의 몰도바 평야와 비옥하고 드넓은 평야 지역인 왈라키아(루마니아 남부 지역)까지 노렸다. 발칸반도를 차지하면 좁은 두 해협에서 눈치 보지 않아도 당당하게 지중해로 나설 수 있기 때문이다. 영국과 프랑스는 러시아가 지중해로 진출하는 것을 절대 용납할 수 없었기 때문에 오스만제국을 지원했다. 결국 영국·프랑스의 지원을 받은 오스만제국과 러시아가 흑해의 지배권을 놓고 전쟁을 벌였는데, 이것이 바로 크림전쟁

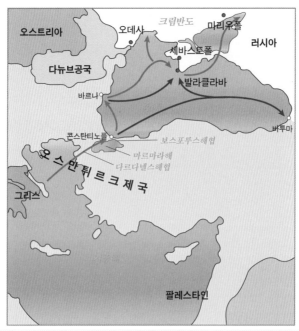

흑해를 사이에 둔 러시아제국과 오스만튀르크제국의 지정학
파란색 화살표는 크림전쟁 당시 영국·프랑스 함대의 행로, 붉은색은 튀르크 함대의 경로다.

이다(1853-1856년).

처음에는 러시아가 일방적으로 오스만제국을 공격했다. 그러나 러시아의 확장을 원하지 않는 영국과 프랑스가 참전하면서 판도가 뒤집혔다. 결국 러시아는 동원된 70만 명의 군인 중 50만 명이상의 사상자가 발생하는 끔찍한 수준의 패전을 겪었다. 이 패전으로 러시아는 혹 떼려다 혹을 붙인 격이 되고 말았다. 강화 조건으로 러시아의 흑해함대가 보스포루스해협, 다르다넬스해협을 통과하지 않는다는 약속을 해야 했기 때문이다. 말하자면 지중해 통행금지를 당한 셈이다.

이로써 러시아는 사실상 내륙 국가나 다름없는 처지가 되었고, 남아 있는 바다는 동아시아 쪽뿐이었다. 마침 2차 아편전쟁(1856-1860년)이 기회를 만들었다. 러시아는 서구열강의 침략에 궁지에 몰린 청나라를 압박해 연해주 일대의 영토를 획득함으로써 대양으로 진출할 수 있는 얼지 않는 항구(부동항)를 확보했는데, 이곳이 바로 블라디보스토크다. 이것으로 만족하지 않은 러시아는 뤼순, 다롄도 '빌려 간다'라는 명목으로 사실상 탈취했다. 이로써 러시아는 귀중한 항구를 얻어 태평양과 바로 통하게 되었다.

러시아의 다음 과제는 멀리 떨어진 동쪽의 항구들을 모스크바와 연결하는 것이었다. 이를 위해 상트페테르부르크에서 모스크바를 지나 시베리아를 횡단해 블라디보스토크에 이르는 총연장 길이 9,400킬로미터(경부선의 20배가 넘는다)에 이르는 시베리아횡단철도, 다롄과 블라디보스토크를 연결하는 만주횡단철도 건설에 나섰다.

공사는 빠르게 진행되어 7년 만인 1898년에 블라디보스토크와 모스크바가 철도로 연결되었다. 이제 다롄과 블라디보스토크까지 철도로 연결되면 러시아의 대양 진출은 확정된 것이나 다름없었다.

당시 세계를 분할하고 있던 영국과 프랑스에 비상이 걸렸다. 러시아가 태평양에 진출하게 되면 그대로 남하해 프랑스 식민지인 베트남 일대, 영국 식민지인 홍콩, 싱가포르를 위협하게 된다. 이 경우 유럽에서 철도로 병력을 수송할 수 있는 러시아에 비해 배를 타고 와야 하는 영국, 프랑스는 훨씬 불리한 처지가 된다.

이때부터 일본이 지정학적으로 매우 중요한 나라가 되었다. 러시아가 블라디보스토크나 뤼순을 통해 태평양으로 진출할 때 이를 가로막을 수 있는 위치에 있었기 때문이다. 그래서 1902년 영국은 일본과 동맹을 맺었다. 그때까지 아시아를 단지 식민지 먹잇감으로 보던 영국이 아시아 국가와 대등한 동맹을 맺은 것도 파격적이지만, 그 조건마저 일본에 매우 유리했다. 당시 대영제국은 세계 패권을 쥐고 있던 나라로, 그 영향력은 오히려 오늘날의 미국을 능가할 정도였다.

러일전쟁 당시 시베리아횡단철도

러시아의 시베리아횡단철도와 만주횡단철도의 연결 노선

조선의 운명과 러시아의 남하

하필 이 시점에 조선의 고종은 아관파천을 통해 일본과 가까운 대신들을 숙청하고 러시아공사관으로 피신해 스스로 러시아의 영향력 아래로 들어갔다. 이게 영국에 어떻게 보였을까? 고종에게 지리의 눈이 조금이나마 있었다면 어리석은 선택을 하지는 않았을 것이다. 이 사건은 영국과 프랑스에는 러시아의 태평양시대 서곡이나 다름없었던 것이다. 러시아가 태평양으로 진출하면 바로 부딪치게 되는 일본에게는 국가 비상사태나 마찬가지였다.

이로써 영국과 일본의 이해관계가 완전히 일치했다. 영국은 영일동맹을 더욱 강화하면서 일본을 지원했다. 고종은 일본이 '감히' 대국 러시아를 공격하지 못할 것이라고 믿었을지도 모른다. 하지만 일본은 당시 대영제국의 대리인이었다. 고종의 행동이 오히려 일본의 국제사회 위상을 높이는 결과를 가져왔다. 국제 정세를 제대로 읽고, 지리의 눈으로 지정학적 사고를 하고 자주적인 외교를 펼칠 생각은 하지 않고, 그저 대국에 의존해 권력을 유지하려 한 고종과 조선 집권층의 안타깝고 한심한 선택의 결과다.

영국의 후원을 등에 업은 일본이 인천항(이미 러시아 함대가 주둔하고 있었다)과 뤼순항을 기습공격하면서 결국 러일전쟁이 일어났다. 소국 일본이 대국 러시아를 도발하지 못할 거라고 믿었던 조선의 조정은 오히려 "이제야 왜놈들이 주제넘게 까불다 제 발등 찍는다"라며 내심 이를 반겼다. 하지만 이 전쟁의 본질은 러일전

러일전쟁 당시 한양에 입성한 일본군(위), 중국에 들어온 러시아군(아래)
러시아제국과 일본제국이 한반도와 중국에서 주도권을 쟁취하려는 제국주의 전쟁이었다.

쟁이 아니라 영러전쟁이다.

　결국 러일전쟁은 일본의 승리로 막을 내렸다. 이후 일본의 노골적인 조선 침략에 대한 유럽 강대국들의 묵인은 영국이 일본에 내준 포상이나 다름없었다. 러시아에 바다가 부족하다는 지리적 약점이 1만 킬로미터나 떨어진 조선의 패망에까지 연결된 100년 전 정세였다.

　바다가 부족해 대륙 안에 갇힌 러시아의 답답함은 오늘날까지도 이어지고 있다. 특히 소비에트연합(소련)이 해체되면서 심해졌

발트해 연안국가와 러시아

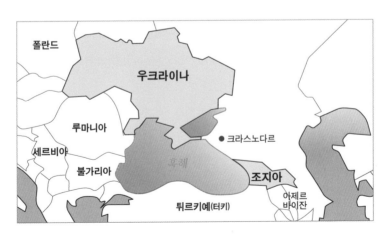

흑해를 둘러싼 우크라이나와 조지아의 지정학

다. 그나마 있던 바다와 닿은 지역이 독립해 별도의 국가가 되었기 때문이다. 발트해 연안은 에스토니아, 리투아니아, 라트비아 등 발트 3국이 세워졌고, 흑해 쪽은 세바스토폴, 마리우폴, 오데사를 포함해 쓸만한 항구 도시를 대부분 소련에서 독립한 우크라이나와 조지아가 차지했다. 러시아는 우크라이나와 조지아에 살고 있는 러시아계 주민의 자치권을 빌미로 수시로 이 두 나라를 무력으로 침공하면서 흑해 연안을 빼앗으려고 했다.

2008년에는 하필이면 평화의 제전인 올림픽 기간에 조지아를 무력으로 정복해 꼭두각시 정부를 세웠다. 2014년에는 우크라이나를 공격해서 크림반도를 러시아 영토에 합병해 세바스토폴을 러시아의 군항으로 확보하기도 했다.

2022년에는 결국 우크라이나를 전면적으로 침공했다. 러시아의 핑계는 돈바스 지역의 러시아계 주민을 보호하기 위해서였지만, 실제로는 흑해 연안의 영토를 모두 빼앗고 우크라이나에 친러시아 정부를 세워 흑해를 장악하려는 것이 목적이다. 만약 우크라이나가 무너지더라도 러시아는 만족하지 않을 것이 분명하다. 다음 차례는 조지아와 몰도바가 될 것이며, 그다음은 발트해 연안 국가일 것이다. 저렇게 땅덩이가 큰데 왜 다른 나라를 침략하나 싶겠지만 러시아는 바다가 고픈 것이다.

러시아가 무모한 전쟁을 도발한 배경에는 미국, 유럽연합 등 이른바 서방세계와의 경계선이 너무 길어져 국방이 어려워진 점

2022년 러시아의 공습으로 폐허가 된 우크라이나 시가지

도 있다. 구소련 시절에는 폴란드, 체코, 헝가리, 크로아티아(당시 유고슬라비아), 루마니아, 불가리아, 동독이 모두 사회주의 국가였다. 북대서양조약기구와의 경계는 사실상 동독과 서독의 경계선뿐이었다. 그런데 냉전이 끝나고 동유럽 국가들이 대거 북대서양조약기구에 가입하면서 러시아와 서방세계의 경계선은 몇 배로 늘어났다. 영토에 비해 인구가 많지 않은 러시아에는 큰 부담이 된다. 그런데 우크라이나가 서방으로 완전히 기울게 되면 경계가 더 길어질 뿐 아니라 수도 모스크바까지도 사정거리 안에 들어오게 된다.

물론 그렇다고 전쟁을 정당화할 수는 없다. 지금까지의 전쟁 과정을 보면, 우크라이나는 확실하게 서방세계로 넘어가 버렸다. 그동안 중립을 지켰던 스웨덴, 핀란드마저 북대서양조약기구에 가입함으로써 러시아와 서방세계의 경계는 더 길어졌다. 지리의 관점으로 보면, 복잡하게 얽힌 문제가 때로 명확해진다.

8장

바다가 바꾼 육지의 운명 · 두 번째 이야기

미국 그리고 중국

바다는 국가의 경계를 나누기도 한다.
이제 바다를 둘러싼 싸움은 더욱더 치열해지고 있다.

바다가 바꾼
육지의 운명
• 두 번째 이야기

러시아가 바다 때문에 갈증을 느끼는 나라라면, 미국은 바다의 축복을 누리는 나라라고 할 수 있다. 미국은 바다뿐 아니라 강과 호수에 이르기까지 그야말로 물의 축복을 받은 나라다.

먼저 지도를 보자. 미국은 동쪽으로는 대서양, 서쪽으로는 태평양과 닿아 있다. 이렇게 두 개의 대양을 향해 활짝 열린 나라는 미국과 캐나다뿐이다. 더구나 미국은 이 두 대양을 향해 장애물 하나 없이 열려 있다. 영토의 동서 방향 모두 대양을 향해 다른 국가의 방해 없이 진출할 수 있다.

미국을 만든 것은 절반이 물

바다뿐 아니라 내륙에도 미시시피강이라는 큰 강과 오대호라

미국의 영토 획득 과정

는 큰 호수가 있어 마치 지중해 같은 역할을 한다. 오대호와 미시시피강은 사실상 서로 연결되어 있으며 미국 대륙 가운데를 남북과 동서로 가로지르며 수천 킬로미터에 이르는 장대한 물길을 제공한다. 미국이 이 내륙의 물길을 적극적으로 활용하게 된 계기는 영토를 단숨에 두 배로 넓힌 루이지애나 매입(1803년)이다. 영토를 매입했다고 하니 낯설게 들리겠지만 정말로 돈을 주고 샀다. 인류 역사상 가장 거대한 규모의 부동산 거래였을 것이다.

　루이지애나(Louisiana)는 원래 프랑스의 식민지로, 프랑스 왕 '루이(Louis)의 땅'이란 뜻의 이름이다. 오늘날 루이지애나주는 이

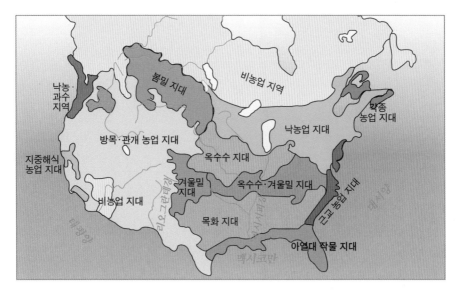

대서양과 태평양을 다 가진 비옥한 미국

중 일부분이며, 당시에는 미국 중부 지방을 통칭하는 이름이었다. 미시시피강 하구의 도시 뉴올리언스(New Orleans) 역시 프랑스 왕실의 상징적인 도시 오를레앙(Orlean)에서 따 온 이름이다. 미국은 대한민국 면적의 30배나 되는 이 넓은 땅을 단돈 1,500만 달러, 오늘날 물가로 환산해도 약 1조 8,000억 원 정도에 구입했다. 땅 1평에 1만 원꼴이다.

미국이 프랑스를 속여 땅값을 후려친 것일까? 그럴 리 없다. 당시 프랑스 통치자는 머리 좋기로 유명한 나폴레옹이었다. 심지어 매각 제안도 나폴레옹이 먼저 했고, 오히려 그 규모가 너무 커

루이지애나 매입
프랑스기를 내리고, 미국기를 게양하고 있다.

서 미국 대표였던 헨리 먼로(먼로주의의 그 먼로)가 크게 당황했다고 한다.

나폴레옹은 이렇게 넓은 영토를 왜 팔았을까? 쓸모없는 땅이라서? 그렇지 않다. 이 영토는 지금 미국이 목화, 옥수수, 밀 농사 지역으로 아주 잘 써먹고 있다. 문제는 영토의 쓸모는 자연환경뿐 아니라 그 영토를 보유한 나라의 위치와 상황에 따라 달라진다는 점이다. 보유한 나라의 위치에 따라 같은 땅이 황금의 땅이 될 수도 있고, 쓸모없는 땅이 될 수도 있다.

당시 나폴레옹에게 이 영토는 활용할 방법이 마땅치 않고, 너무 비용이 많이 들어가는 땅이었다. 넓은 대서양을 건너야 이 영토를 활용할 수 있는데 대서양의 제해권은 강적인 영국이 차지하고 있다. 더구나 본토의 10배나 되는 넓은 땅을 탐사하고 개척할 사람들은 어디서 모아 올 것이며, 그 비용은 또 어떻게 충당할까? 설사 개척에 성공해도 영국 해군을 피해 이곳에서 얻은 이익을 프랑스로 가져오기도 어렵다.

미국의 오대호와 내륙 수로

　반면 미국은 이런 비용을 들일 필요가 없다. 우선 탐사와 개척 비용이 안 든다. 유럽에서 계속 이민오는 서민층, 무산계층 사람들에게 '땅 주인'이 될 수 있다는 희망을 심어 주면 스스로 탐사와 개척에 뛰어들기 때문이다. 개척한 땅에서 생산한 농작물 처분도 어렵지 않다. 미시시피강과 오대호의 내륙 수로를 활용하면 된다. 미시시피강은 세계에서 가장 큰 강 중 하나로 루이지애나 영토 북쪽 끝에서 남쪽 끝까지 흐르며, 그야말로 대륙을 종단한다.

　새로 편입된 중서부 지방에서 수확한 농작물은 미시시피강을 따라 북쪽으로 올라와 시카고로 모이거나, 남쪽으로 내려가 뉴올리언스 항구에서 배에 실린다. 시카고에서는 오대호를 따라, 뉴올리언스에서는 동부 해안을 따라 뉴욕 등 인구밀집 지역으로 운송된다.

특히 오대호가 끝나는 지점과 허드슨강이 시작하는 지점을 운하로 연결하면서 오대호-허드슨강-뉴욕-대서양으로 이어지는 뱃길이 만들어졌다. 오대호-미시시피강으로 이어지는 이 거대한 내륙 수로는 미국의 지중해가 되었다. 오대호 일대는 석탄과 철광이 풍부했기 때문에 이 주변으로 디트로이트, 피츠버그 같은 공업 도시가 건설되었고, 이 대도시들에 필요한 식량이 미시시피강을 통해 공급되었다. 또 여기서 생산된 막대한 공산품은 오대호와 허드슨강을 따라 뉴욕으로 이동해 미국 각지와 유럽으로 팔려 나갔다. 루이지애나 매입은 산업혁명에 성공한 신대륙의 다른 국가들과는 달리 미국이 농업 국가가 아닌 상공업 국가로 성장하는 결정적인 계기가 되었다.

또 이 지역을 확보함으로써 미국은 멕시코와 국경을 마주하게 되었다. 미국과 멕시코 사이에 프랑스령 루이지애나가 있었지만, 이곳이 미국 영토가 되면서 중간지대가 사라진 것이다. 결국 미국은 멕시코와의 전쟁을 통해 텍사스에서부터 캘리포니아에 이르는 방대한 영토를 새로이 획득하게 되었다. 이로써 미국은 신대륙 한 귀퉁이의 나라에서 동쪽으로는 대서양, 서쪽으로는 태평양으로 활짝 열린 대양의 나라가 되었다.

바다를 둘러싼 미국의 국방 전략

대양을 향해 활짝 열린 미국은 대서양과 태평양을 앞마당 삼아 전 세계에 영향력을 행사할 수 있게 되었다. 특히 이는 국방 전략에 반영되었다. 미국의 국방 전략은 적이 대서양과 태평양을 건너오기 전에 적의 앞바다에서 저지하는 것이다. 즉, 대서양과 태평양을 거대한 해자로 삼은 것이다. 그래서 미국은 계속 해군력 강화에 힘썼고, 그 결과 오늘날 어마어마한 해군력을 갖추게 되었다.

오늘날 미국 해군은 모두 7개 함대(Fleet)로 구성되어 있다. 각 함대는 그 함대 하나만으로도 러시아나 중국 같은 강대국과 1:1 대결이 가능할 정도다. 대서양은 서유럽 나라들과 북대서양조약기구라는 동맹을 맺어 틀어막고, 태평양은 일본, 대한민국, 타이완, 필리핀, 베트남, 오스트레일리아, 인도 등과 동맹 혹은 우호적인 관계를 맺어 틀어막고 있다.

미국의 7개 함대는 각각 작전구역을 정해 두고 있는데, 다음 지도에서 보는 바와 같이 온 세계 바다를 관할하고 있다. 이렇게 본토로부터 지구 반 바퀴 떨어진 먼바다에 적대적인 세력과의 경계선을 구축하는 데 성공한 덕분에, 미국은 세계의 다른 지역에서 일어나는 갈등, 분쟁, 전쟁을 강(아니 바다) 건너 불 보듯 하거나, 본토가 손해 입지 않는 범위 내에서 개입해 이권을 쟁취할 수 있게 되었다.

미국은 그 영토만으로도 엄청나게 큰 나라지만 미국의 진짜 힘은 바다에 있다. 태평양과 대서양을 사실상 자국의 앞바다나 다름없을 정도로 장악했기 때문에 지구 표면의 절반 이상을 지배하

미국 해군의 주력 니미츠급 항공모함
압도적인 크기와 항공 전력으로 막대한 공격력을 자랑한다. 현재 이보다 더 강력한 제럴드 포드 급으로 교체 중이다.

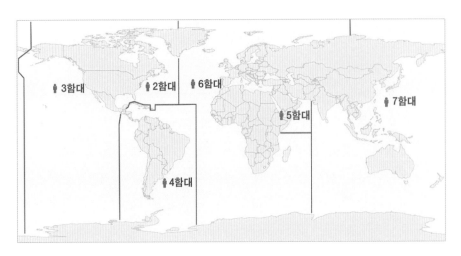

미국 해군의 7함대와 그 관할 해역
본토 해안선을 지키는 1함대는 1970년 3함대에 임무를 넘기고 해산했다. 그러나 국토방위부 소속의 해양경비대가 웬만한 나라 해군 수준의 전력을 가지고 사실상 1함대 역할을 한다.

미해군 함정

는 절대강국의 위치를 유지할 수 있다. 만약 미국이 바다를 뻗어 나갈 통로로 보지 않고 외부 세력이 들어오는 위협으로 보고 해안 선을 폐쇄하는 길을 걸었다면 결코 오늘날과 같은 초강대국이 될 수 없었을 것이다.

바다로부터 스스로를 고립시킨 중국

미국이 넓은 바다의 혜택을 누린 나라라면 중국은 오히려 바다를 소홀히 다루다 큰 곤란을 겪고, 오늘날까지도 답답함을 느끼는 나라다. 그 답답함 때문인지 중국은 바다에서 신경질적이고 공격적인 모습을 보인다. 대국답지 않게 작은 무인도를 놓고 다투다가 거의 모든 주변 나라와 적대적인 관계를 가지게 된 것이다. 심지어 그 무인도 중에는 섬보다는 암초에 가까운 곳도 많다. 최근 잇달아 국경을 맞댄 주변 국가들과 벌이는 중국의 영토분쟁도 그런 예들이다.

중국은 러시아처럼 바다가 부족해 답답함을 느낄 나라는 아니다. 태평양의 동쪽 끝이 미국이라면, 서쪽 끝은 중국이다. 그러니 중국 역시 마음만 먹으면 태평양을 무대로 뻗어 나갈 가능성이 있었다. 하지만 명청시대의 중국은 바다를 중요하게 여기지 않았다. 오히려 왜구가 쳐들어오는 통로, 조정의 명령을 듣지 않는 해상 세력이 준동하는 반역의 무대로 보았다. 물론 명나라 영락제 시절인 15세기에는 세계 최강 함대인 정화의 함대가 태평양과 인도양 일대를 명나라의 활동 영역으로 만들기도 했다. 동남아시아에 널리 분포된 화교와 차이나타운이 이 무렵에 만들어졌다. 이때 명이 광저우와 푸저우를 기점으로 하는 해상 연결망을 계속 발전시켜 나갔으면 어쩌면 중국은 오늘날 동남아시아를 넘어 인도, 나아가 오스트레일리아에까지 이르는 거대한 제국을 이룰 수 있었을 것이다.

그러나 영락제 이후 중국은 600년간이나 이어지는 해금정책(민간인의 항해를 제한하는 정책)을 펼쳤다. 그 이유에는 해상 세력의 준동을 우려한 것도 있고, 무역이 활발해지는 것을 의도적으로 억제한 것도 있었다. 무역이 활발해지면 농업 중심 사회가 상업 중

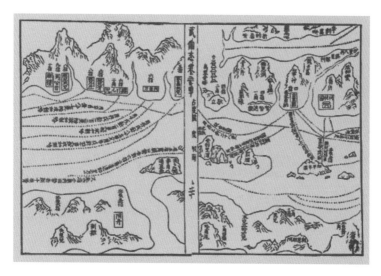

명나라 정화 함대의 항해도
군사백과서인 『무비지(武備志)』에 수록된 정화의 항해도 일부. 활동 범위가 당시 중국의
수도였던 남경에서부터 중국 연안, 동남아시아, 인도, 아라비아와 동아프리카 연안 등
넓은 지역을 포함했음을 알 수 있다. 아래 그림은 정화의 배와 유럽의 배(작은 함선)의 크
기를 비교한 것이다.

영국과 프랑스의 침탈로 일어난 아편전쟁

심 사회로 바뀌는데, 이는 전통적인 왕조의 통치체제를 위협하기 때문이다. 유럽의 근대화 과정에서 확인할 수 있듯이 상업 중심 사회에서는 절대왕정이 유지되기 어렵다. 따라서 명나라, 청나라 시대의 해상무역은 사실상 거의 밀수였고, 무역상은 해적이나 다름없었다. 당시 '왜구'라는 말은 일본 해적뿐 아니라 해상무역에 종사하던 중국인까지 포함한 말이었다.

바다를 넓은 세상으로 나가는 무대가 아니라 위험한 대상으로 보고 스스로를 고립시킨 중국은 발전이 늦어지게 되었다. 그 결과는 2차례에 걸쳐 일어난 아편전쟁에서의 참혹한 패전으로 나타났다. 청나라는 1차 아편전쟁 때 해군이 거의 전멸되다시피 했다. 해전에서 승리한 영국은 장강을 거슬러 올라가 남부 지방의 중심 도시 난징을 함락하고, 다시 황해를 따라 올라가 발해만을 장악하고 톈진을 압박하면서 중국의 해안선을 완전히 장악했다.

1856년 2차 아편전쟁 역시 일방적으로 진행되었다. 영국-프랑스 연합군은 바다에서 아무런 저항을 받지 않고 바로 베이징으로 통하는 영정하(융딩강)로 군함을 진입시켰고, 손쉽게 베이징을

청의 굴욕적인 패배로
끝난 아편전쟁

아편전쟁의 상황을 담은 그림

함락했다. 청은 난징조약, 베이징조약이라는 두 번의 불평등조약
을 통해 홍콩, 상하이, 톈진 등 바다로 통하는 거점을 영국, 프랑
스에 빌려준다는 명목으로 내줘야 했다. 또한 이 조약을 중재한
러시아에는 연해주를 통째로 내주었다.

처참한 패전 끝에 바다의 중요성을 깨달은 청은 근대식 해군
을 창설하면서 바다의 주도권을 되찾으려 했지만, 서양 세력을 물
리치기는커녕 일본에마저 참패하고 타이완을 내주고 오키나와에
대한 영향력을 완전히 상실했다. 이렇게 싱가포르, 홍콩, 타이완,
류큐(오키나와)로 이어지는 지역에서 영향력을 상실함으로써 중국
은 바다로 나갈 통로를 모두 상실하고, 오히려 바다에서 일본에

포위당하는 모양이 되었다.

이런 상황은 1941년에 발발한 태평양전쟁으로 일제가 패망한 이후에도 바뀌지 않았다. 일본이 차지하고 있던 바다의 지배권이 고스란히 미국에 넘어간 것이다. 미국은 필리핀, 오키나와, 대한 민국, 일본에 군사기지를 설치함으로써 중국을 바다에서 빈틈없 이 포위하는 방어망을 구축했다.

바다의 지배권을 둘러싼 중국의 분쟁

지금 미국이 지배하는 바다는 중국에 이중적인 의미를 지니고 있다. 1990년대 이후 중국의 빠른 경제성장은 미국의 무역특혜가 없었다면 불가능했다. 따라서 중국의 주요 산업과 경제 중심지는 대부분 미국과의 무역에 유리한 동부해안 지방, 즉 미국이 차지하 고 있는 포위망의 사정거리 안에 위치한다. 중국 경제의 목줄을 미국이 움켜쥐고 있는 셈이다.

중국이 보유한 바다의 3분의 1은 미국의 동맹일 뿐 아니라 미 군이 주둔하는 대한민국과 공유하는 서해(황해)이며, 제주도와 타 이완 사이에는 미국의 동맹국이자 미군이 주둔하는 일본의 섬들 이 줄을 이어 자리 잡고 있다. 아무리 작은 섬이라도 영토로 인정 되면 그 주변 12해리(22.2킬로미터)는 모두 영해로 인정되기 때문 에 다른 나라 비행기나 선박이 허가 없이 지나갈 수 없다. 그러니 크고 작은 섬들이 줄줄이 이어져 있는 일본의 열도에서 12해리씩

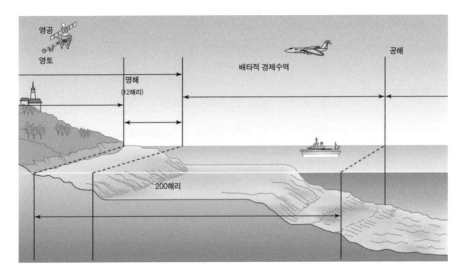

영공
영토
영해
(12해리)
배타적 경제수역
공해
200해리

영해와 배타적 경제수역(EEZ)의 범위
본토뿐 아니라 섬을 포함한 영토로부터의 거리에 따라 정해진다. 1해리는 1,852킬로미터다.

이어 나가면 사실상 바다가 꽉 막혀 버린다. 더구나 그 열도 중간 위치에 있는 오키나와에 미국 공군기지가 있다. 오키나와는 중국의 해안 지방을 완전히 사정거리 안에 두고 있다.

타이완의 경우, 중국이 자국 영토('하나의 중국' 정책)라고 주장하기는 하지만 사실상 다른 나라다. 중국도 영토라는 주장과 달리, 타이완과 타이완의 영토로 간주되는 섬 주변 22킬로미터 이내로 선박이나 비행기를 들여보내지 않는(못한)다. 기껏해야 수백 킬로미터 바깥의 방공식별구역(ADIZ)만 들락거리며 위력 시위를 할 뿐이다.

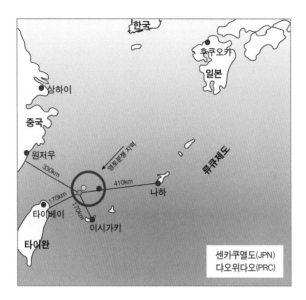

센카쿠열도(댜오위다오) 등 중국-일본의 영토분쟁 지역

타이완 남쪽에는 필리핀열도가 있는데, 역시 미군 기지가 있다. 만약 미국과 중국 간에 전쟁이라도 일어나면 미국이 전쟁 시작부터 중국을 그물에 가두어 놓을 수 있다. 게다가 주요 경제 거점이 해안 지역에 몰려 있는 중국의 특성상 단 한 번의 전쟁으로 거의 석기시대로 돌아갈 위험마저 있다. 반면 중국은 대륙간 탄도미사일을 날리지 않는 한 미국 본토에 아무런 위협을 가할 수 없다.

중국은 이런 상황이 싫어서 바다 위에 펼쳐진 대륙 봉쇄망에서 구멍을 찾고, 미국과의 경계를 가능하면 해안선에서 먼 곳에 긋고자 한다. 이렇게 찾아낸 구멍이 바로 일본에서는 센카쿠열도,

191

중국의 해상 영토분쟁 지역

중국에서는 댜오위다오라고 부르는 섬이다. 이 섬의 영유권 분쟁
은 처음에는 석유와 천연가스의 매장 가능성에서 비롯되었지만,
지금은 군사적이고 정치적인 이유가 더 크다.

　이 섬은 일본 최남단 영토인 이시가키섬과 타이완에서 각각
170킬로미터 떨어져 있고, 중국 본토에서는 300킬로미터 이상 떨
어져 있다. 중국이 억지를 부린다는 느낌이 든다. 하지만 태평양

동중국해의 영토분쟁 지역인 센카쿠열도

으로 진출할 구멍 하나가 아쉬운 입장에서 쉽게 양보할 수 없는 곳이기도 하다. 하지만 이 일대는 사실상 센카쿠열도. 일본이 시설을 설치하고 실효적 지배를 하고 있기 때문이다. 일본이 독도를 아무리 다케시마라 부르며 영토분쟁의 대상으로 삼아도 이미 우리나라가 시설을 설치해 실효적으로 지배하고 있기 때문에 어쩌지 못하는 것과 같다.

새로운 싸움터가 된 남중국해

이렇게 일본과 타이완에 막힌 서해와 동중국해 쪽으로 통로 확보가 어려워진 중국은 좀 더 만만한 나라들이 모여 있는 남중국

중국이 콘크리트를 부어 '암초'를 연결해 만든 인공섬

해에서 출구를 찾았다. 하지만 이쪽도 쉽지 않기는 마찬가지다. 필리핀은 미국 해군기지가 있는 나라이고, 동남아시아에서 가장 긴 해안선을 가진 베트남은 이 지역에서 중국을 가장 싫어하는 나라다. 따라서 중국은 자신의 영역을 최대한 남쪽으로 확장해 필리핀, 베트남권을 벗어나 말레이시아 앞바다까지 밀고 나가야 한다. 말레이시아와 싱가포르는 화교가 많이 살고 있는 나라이며 상대적으로 중국에 우호적이다.

　이런 이유 때문에 영어로는 파라셀군도, 베트남어로는 호앙사군도, 중국어로는 시사군도라 부르는 섬들, 또 그보다 남쪽에 있는 영어로는 스프래틀리군도, 베트남어로는 쯔엉사군도, 중국어로는 난사군도라 부르는 섬들을 놓고 중국, 베트남, 필리핀 간의 영유권 분쟁이 일어나고 있다.

남중국해의 미해군 보급선

이 중 파라셀군도는 중국이 무력으로 점령해 실효적으로 지배하고 있고, 스프래틀리군도의 경우는 중국, 베트남, 필리핀, 타이완, 말레이시아, 브루나이까지 여섯 나라가 저마다 몇 군데씩 실효적 지배를 하면서 배타적 경제수역을 설정하고 있다. 그런데 이 작은 섬 중에는 섬의 자격을 갖추지 못한 작은 산호초나 암초가 많다. 국제법상 섬이라고 인정받으려면 사람의 영구적인 거주가 가능한 정도는 되어야 하지만, 스프래틀리군도의 섬은 큰 파도가 치면 수면 아래로 잠겨 버릴 정도다. 따라서 국제상설중재재판소는 "여기에 섬은 하나도 없다. 몽땅 암초다"라고 선언함으로써 누구도 배타적 경제수역을 설정할 수 없다고 판결해 버렸다.

중국뿐 아니라 관련된 모든 나라가 이 판결에 반발했다. 하지만 중국의 대응은 도를 넘었다. 이 '암초'들 사이에 콘크리트를 들이부어 인공섬을 만든 것이다. 그리고 여기에 군사 시설을 지은 뒤 "사람이 거주할 수 있는 시설이 설치되었으니 암초가 아니라

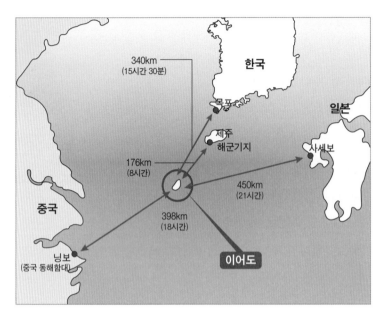

중국과 한국의 영토분쟁이 예상되는 이어도

섬"이라고 주장하고, 그 일대 바다를 중국의 배타적 경제수역으로
설정했다. 억지에 가까운 주장이지만, 중국은 힘을 앞세워 다른
나라들이 가진 것은 모두 암초이며 자기네 것만 섬이니 이 바다는
중국 바다라고 주장하고 있다. 최근에는 타이완도 여기에 인공구
조물을 설치해 전투기 이착륙이 가능한 비행장을 만들었다.

　중국의 바다 욕심에서 우리나라도 안전하지 않다. 이어도(국
제법상으로는 섬이 아니라 암초)의 영유권을 두고 1994년부터 중국이
자국의 배타적 경제수역을 주장하고 있다. 만약 중국 주장이 관철

된다면, 중국은 제주와 사세보에 있는 우리나라, 일본, 미국 해군 기지를 사정거리 안에 두는 위치까지 자국 항공모함을 접근시킬 수 있다.

태평양과 동아시아를 둘러싼 미중 대립

중국은 왜 섬이라고도 부르기 어려운 암초들에 이렇게나 집착 할까? 이 해역에 막대한 양의 천연가스와 원유가 매장되어 있을 가능성이 크지만, 자원이 없어도 중국은 공격적으로 나왔을 것이 다. 미국이 죄어들어 오는 바다 위 포위망에 균열을 내어 숨구멍 을 열어야 하기 때문이다.

미국이 보유한 7개 함대 중 가장 강력한 함대들은 태평양, 특 히 동아시아 일대에 있다. 잠재적 적성국가인 러시아와 중국을 북 미 대륙에서 멀리 떨어진 태평양에서 틀어막기 위해서다. 중국이 이를 저지하기 위해 제창한 방어선이 일본에서 필리핀에 이르는 열도를 연결한 선인 제1열도선이다.

제1열도선에 자리 잡은 오키나와에는 미군 비행장이, 일본과 필리핀에는 미국 항공모함이 정박할 수 있는 해군기지가 있다. 만 약 중국과 미국이 전쟁이라도 한다 치면, 중국은 미국 본토에는 가 보지도 못하고 자기네 핵심 지역만 순식간에 폐허가 될 위험 에 처해 있다. 그래서 중국은 이 열도선 전략을 세워 미국의 방어 선에 구멍을 뚫기 위해 기를 쓰고 있는 것이다. 중국이 베트남, 필

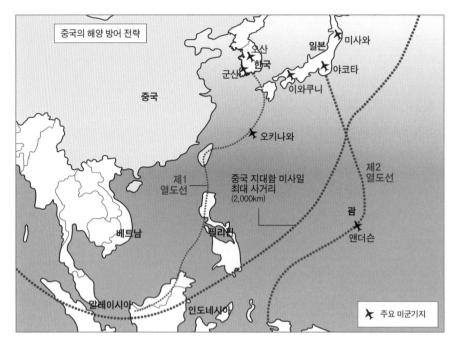

일본-필리핀에 이르는 중국의 제1열도선, 괌-사이판-파푸아뉴기니 등을 포괄하는 제2열도선

리핀을 윽박질러 스프래틀리군도를 장악하려는 이유가, 타이완을
두고 미국과 그토록 험악하게 대립하는 이유가 바로 이것이다.

　미국 역시 여기가 뚫리면 태평양 방어 구도 자체가 무력화되
기 때문에 그냥 둘 수 없다. 그래서 "여기는 어느 나라의 바다도
아닌 공해다. 그러니 마음대로 지나가겠다"라고 선언하고 중국이
자국 영해라고 주장하는 바다에 미국 군함을 통과시키면서 "너희
가 아무리 너희 바다라고 우겨도 우리 군함들이 공해로 간주하고

지나갈 테니 어쩔 거냐?"라
며 으름장을 놓고 있다.

물론 중국이 정말로
그 바다를 자기네 영해라
고 생각한다면 자국 영해
를 침범한 미국 군함에 경

중국의 최신 전투기 J-20

고사격을 해야 마땅하지만, 말로만 거칠게 항의할 뿐이다. 미국은
이를 "항행의 자유 작전"이라고 부른다. 미국의 항행의 자유 작전
은 중국만 노리고 하는 것은 아니다. 어느 나라든 국제해양법상의
근거 없이 특정 해역의 권리를 주장할 경우, 고의로 군함을 통과
시켜 그 바다가 공해임을 선언한다.

2019년 10월부터 2020년 9월 사이에 미국은 중국뿐 아니라
19개 나라를 상대로 항행의 자유 작전을 실시했다. 이 중에는 일
본, 타이완, 우리나라같이 미국의 우방국도 포함되어 있었다. 그
만큼 미국은 항행의 자유에 대해 단호하다. 자기들이 바다의 힘
으로 성장했음을 알기 때문에 그 힘을 절대 놓지 않겠다는 의지를
세계에 반복적으로 보여 주는 것이다. 국가 간의 갈등 역시 지리
를 통할 때 그 숨겨진 맥락을 정확히 분석할 수 있다는 것을 실감
하게 하는 사례라 할 수 있다.

9장

지리의 눈으로 바라본
우리나라 근현대사

일제강점기와 한국전쟁, 그 지리의 정치학

근현대사의 해석에 지리의 시각을 겹칠 때에야 보이는 것이 있다.
이런 통찰은 우리의 생각을 얼마나 확장시킬 수 있을까?

지리의 눈으로
바라본 우리나라
근현대사

역사를 공부할 때 빠지기 쉬운 함정은 감정적인 판단이다. 팔이 안으로 굽는다고 자기 나라 입장에서 유리하게 역사적 사실을 판단하기 쉽다. 특히 고대나 중세 역사보다는 시기적으로 가까운 근현대사가 그런 함정에 빠지기 쉽다. 이때 지리의 눈이야말로 역사를 바라보는 눈을 좀 더 객관적으로 만드는 데 도움을 준다. 이를 위해 우리나라 근현대사에서 가장 큰 변곡점이라 볼 수 있는 일제강점기와 한국전쟁 시기를 지리의 눈으로 살펴보자.

일제강점기와 근대화, 그리고 지리

수업 시간에 일제강점기에 관해 언급하는 것은 상당히 조심스럽다. 잘못하면 격앙된 감정적인 반응을 불러일으킬 수 있고, 그

걸 두려워하다 보면 민족 정서에 맞게 윤색된 역사를 말하게 된다. 특히 우리는 아무 문제 없고 선량한 민족인데, 일본인이 사악해 침략했다는 식의 선악 논리는 이 시대에 대한 이해를 방해한다.

역사는 우리 기준에 맞거나 듣고 싶은 옛이야기를 만드는 것이 아니라, 듣기 싫거나 바꾸고 싶은 기억 속에서 교훈을 얻기 위해 공부하는 것이다. 하지만 일제강점기와 관련된 기록 중 객관적인 것을 찾기란 매우 어렵다. 다만 땅과 바다는 제자리에 있다. 따라서 지리의 눈으로 일제강점기를 살펴보는 것은 이 복잡하고 암울한 시기의 객관적인 이해를 위한 첫걸음이다.

먼저 일본제국의 범위부터 확정하자. 일본제국이 가장 크게 팽창했을 때는 북쪽으로는 북만주, 남쪽으로는 뉴기니, 서쪽으로는 중국의 해안 지방을 대부분 장악할 정도였다. 하지만 이는 전쟁 중의 일시적인 영역이기 때문에 통상적으로는 일본열도, 오키나와, 타이완, 그리고 한반도를 일본제국의 영토로, 그리고 형식상 만주국이라는 나라일 뿐 사실상 일본 식민지나 마찬가지였던 만주 정도를 그 영역으로 본다.

일제강점기를 객관적으로 바라보기 힘들게 만드는 까닭

일제강점기에 군용철도로 건설된 경의선

일본제국 보호령과 일본제국 영토

만주국은 명목상 독립국가이지만 일본제국 보호령으로 사실상 식민지였다. 또한 조선, 타이완, 오키나와, 그리고 사할린(지금은 러시아 영토)은 일본 본토와 합병되어 일본제국 영토가 되었다.

경성제국대학의 전경

은 이른바 '식민지 근대화론' 때문이다. 일본의 식민지였던 우리 나라와 타이완은 일제의 패망과 함께 꽤 많은 산업 시설과 철도, 항만 등의 인프라를 물려받았다. 이를 바탕으로 인도, 동남아시아 등 다른 신생독립국보다 유리한 조건에서 출발한 것이 객관적인 사실이라 더욱 불편하다.

　일본이 조선과 타이완을 취급한 방식은 영국, 프랑스가 인도 나 베트남을 취급한 방식과 확실히 달랐다. 당시 일본에는 제국 대학(국립대학)이 모두 9개 있었는데, 그중 6호, 7호 제국대학이 경 성제국대학(서울대학교의 전신), 다이호쿠제국대학(타이완대학교의 전 신)일 정도다. 심지어 오사카제국대학, 나고야제국대학보다 먼저

대영제국의 영토와 식민지
본토를 포함해 호주, 캐나다, 아프리카, 뉴질랜드, 인도, 말레이시아, 홍콩 등을 지배했다.

세워졌다. 영국, 프랑스, 독일 등 서양 제국주의 국가 중 식민지에 본국과 같은 레벨의 대학을 설립한 사례는 없다.

그렇다면 정말 일본은 우리나라와 타이완을 근대화시킨 은인 인가? 감정적으로 도저히 받아들이기 어려운 주장이다. 하지만 이 수수께끼를 풀기 위해서는 민족감정 대신 지리의 시각이 필요 하다. 일단 일본이 타이완, 한반도, 그리고 만주 등 식민지를 영국 이나 프랑스보다 훨씬 공들여 개발한 것은 역사적 사실로 인정하 자. 일본이 식민지에 건설한 철도망은 영국, 프랑스의 식민지였던 베트남, 말레이지아, 미얀마의 2021년 기준 철도망보다도 훨씬 더 촘촘할 정도였다.

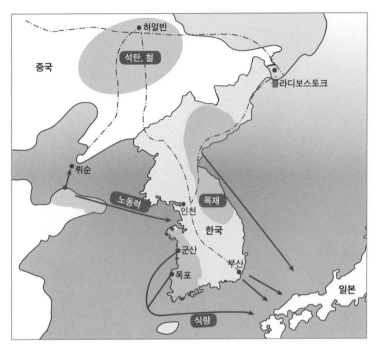

일본제국의 한 부분으로서의 한반도와 만주
중국과 한국의 무수한 자원과 노동력이 일본으로 강제 반출되었다.

　문제는 이것이다. 왜 그랬을까? 이것을 지리의 눈으로 바라보자. 먼저 영국과 프랑스, 특히 영국의 식민지 분포를 살펴보자. 영국의 식민지는 온 세계 여러 대륙에 걸쳐 있고, 그 면적은 본국의 100배가 넘고, 인구도 수십 배다. 이 방대한 식민지들을 막강한 해군력을 바탕으로 해상 네트워크로 연결한 것이 대영제국이다. 하지만 연결되어 있다 해도 이렇게 넓고 멀리 떨어진 곳이 본토

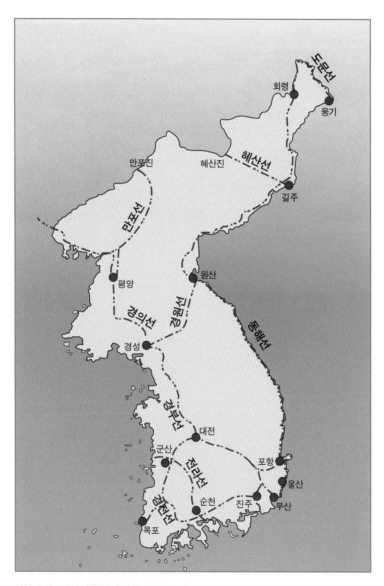

일본이 식민지 수탈을 위해 설치한 철도망

일제의 수탈을 위한 항구 시설

국민에게 '우리 땅'이라고 느껴지기는 아무래도 어렵고, 정부 입장
에서는 완전히 삼켜서 자국 영토로 삼기도 어렵다.

영국과 프랑스인에게 아시아의 식민지는 다만 원료와 노동력
을 저렴하게 확보하는 공급처이자, 이를 바탕으로 대량생산된 잉
여 상품을 소화하는 판매 시장일 뿐, 필요하면 이주해 거주할 수
도 있는 자기 나라의 내부가 아니었다. 식민지는 철저히 외부 세
계로 간주되었고, 이를 듣기 좋게 '오리엔탈리즘'(처음엔 유럽에서
나타난 동양에 대한 관심, 취미를 의미했으나 지금은 동양에 대한 서구의 왜
곡과 편견을 의미하는 용어로 사용된다)이라 했다. 영국인, 프랑스인에
게 아프리카와 아프리카의 식민지는 자기 나라의 일부가 아니라,
일종의 낯설고 신비로운 체험을 제공하는 미지의 세계였다.

반면 일본의 식민지는 큰 바다를 건너지 않는 인접한 지역들로 이루어져 있었고, 인종도 문화도 비슷한 사람들이 살고 있었다. 한문을 사용할 경우, 식민지 지식층과 지배층 간에는 아무 무리 없이 의사소통이 가능할 정도였다. 그래서 일본은 한반도와 타이완을 오키나와, 홋카이도와 같이 자국 행정구역에 편입했다. 이를 영국, 프랑스와 달리 식민지를 본국과 차별하지 않았다며 그럴듯하게 부르는 말이 '내지화'다. 오리엔탈리즘이 본국과 구별 짓는 말이라면, 본국과 동일화하려는 의도가 담긴 말이 내지화라 할 수 있다.

　하지만 바로 여기에 함정이 있다. 내지화의 대상은 식민지 '영토'이지, 식민지 주민이 아니다. 즉, 식민지 영토를 일본인의 새로운 거주 및 생활 공간으로 만드는 것이지, 식민지 주민을 일본인과 동등하게 대해 새로운 시민권자로 받아들이는 것이 아니다.

　실제로 많은 일본인이 이 새로운 영토로 이주했다. 1930년대 후반에 이르면 식민지로 이주한 일본인의 숫자는 당시 일본 인구의 5퍼센트가 넘는 300만 명을 돌파했다. 같은 시기 영국, 프랑스는 자국 식민지에 공무원, 군인을 포함하더라도 수만 명 정도가 거주했을 뿐이다.

　모험에 나선 투자자나 기업가, 지금보다 더 나은 삶을 꿈꾸는 사람들, 그 밖에 이런저런 이유로 일본에서 살아가기가 어려워져서 새로운 출발을 하고 싶은 사람들이 식민지로 건너왔다. 이제

1920~1930년 부 지역 한국인과 일본인 인구 성장(명, %)

	한국인			일본인		
	1920년	1930년	인구증가율	1920년	1930년	인구증가율
서울	181,829	279,865	53.92	65,617	105,639	60.99
인천	23,855	52,971	122.05	11,281	11,757	4.23
개성	35,426	47,772	34.71	1,212	1,531	26.32
군산	8,243	16,894	104.95	5,659	8,707	53.86
목포	11,270	26,335	133.67	5,27	7,922	50.24
대구	32,451	73,060	125.14	11,942	19,426	62.67
부산	40,532	97,558	140.69	33,085	47,761	44.36
마산	11,923	22,189	86.10	4,172	5,587	33.92
신의주	7,058	31,445	345.52	3,524	7,526	113.56
평양	54,643	116,899	113.93	16,289	20,073	23.23
진남포	16,179	32,073	98.24	3,633	5,333	46.79
청진	6,858	25,639	273.86	4,114	8,873	115.68
원산	19,840	32,241	62.51	7,134	9,260	29.80
함흥	15,268	34,191	129.94	3,097	8,984	190.09

자료: 1920년 자료는 「조선총독부 통계연보」, 1930년 자료는 「국세조사」임.

일본이 한반도에 많은 인프라를 세우고, 심지어 오사카나 나고야보다도 먼저 제국대학을 세운 까닭이 밝혀졌다. 식민지를 우대해서가 아니다. 그곳에 일본인이 많이 살고 있었기 때문이다.

일본이 영국, 프랑스의 아시아 식민지와 달리 한반도에 적지 않은 규모의 인프라를 세운 것도 사실이고, 결과적으로 우리나라의 근대화에 어느 정도 기여한 것도 사실이다. 하지만 그것은 어디까지나 한반도에 거주하거나 만주를 넘나드는 자국민을 위한 것이다. 당시 경부선 철도는 서울에서 부산으로 가는 노선을 '상행선'이라고 불렀다. 만주와 한반도에 사는 일본인의 '귀성' 수단이었던 것이다. 이는 식민지를 약탈과 착취의 대상으로 삼은 서양 제국주의와 자국민의 확장된 거주 공간, 사업 무대로 삼은 일본 제국주의의 차이일 뿐이다.

한반도로 건너온 일본인이 많이 모여 살았던 곳은 경성이었다. 서울역사박물관 소장 「각정동직업별호구조서」에 따르면 1934년 당시 경성 인구에서 일본인이 차지하는 비중은 28퍼센트에 달했다. 한마디로 서울 시민 셋 중 하나는 일본인이었던 셈이다. 청계천을 경계로 남쪽(오늘날의 을지로, 명동, 용산 일대)은 일본인이 조선인보다 더 많을 정도였다.

아무리 식민지 도시라도 서울은 인구의 30퍼센트가 일본인인 도시였다. 서울의 일본인 인구만으로도 10만 명이 훌쩍 넘어가니, 그 숫자만으로도 당시 기준으로는 대도시에 속했다. 그러니 본국 수준으로 각종 시설과 학교가 세워질 수밖에 없었다. 조선의 한양은 백화점이 세워졌고, 기차와 전차가 다니는 번화한 일본 도시 게이조(京城), 즉 경성이 되었다. 물론 이 시설들은 조선인이 아니라 일본인의 편의에 맞춰 세워졌다. 일본인이 많이 살던 구역은 아예 행정구역도 달리했다. 조선인이 많이 사는 구역은 '○○동'이었지만 일본인이 많이 사는 구역은 '통(도리)'이나 '정(마치)'이라는 행정구역이 설치되었다.

일제강점기 시절 경성(현재의 서울)의 번화가

경성은 일본 주민이 많아서 그랬다 치고, 한반도를 관통하는 네 개의 긴 주요 철도와 각종 산업 시설, 항만 등의 인프라는 왜 건설한 것일까? 이는 일본제국의 침략 야욕이 중국 대륙까지 뻗쳤던 사정과 맞물린다. 당시 일본의 대륙 침략 거점은 만주의 뤼순과 산둥반도의 칭다오였다. 그런데 일본에서 이 두 지역을 한 번에 연결하는 것은 쉽지 않았고, 한반도의 지정학적 위치는 일본과 이 두 지역을 연결하는 다리이자 거점으로 적합했다.

가령 일본에서 바닷길로만 뤼순을 연결하는 것보다는 한반도를 관통하는 철도를 이용하는 것이 훨씬 빠르고 효율적이며, 일본에서 칭다오를 직접 오가는 것보다는 목포, 군산, 인천을 일단 한번 거쳐 가는 것이 훨씬 안전하고 편리했다. 그래서 일본은 한반도에 부지런히 철도를 깔고 항만을 세웠다. 만주의 풍부한 지하자원과 본토와 비교해 월등히 저렴한 조선인의 노동력을 결합하기 위해 북한 지방에 많은 공장을 세웠고, 이를 일본으로 수송하기 위해 거대한 원산항과 부산항을 만들었다.

일제의 징용으로 인해 강제동원된 조선인 군인들

　결론을 내리면 이렇다. 일제강점기 시절 일본은 한반도에 많은 근대적인 시설을 설치했다. 그리고 결과적으로 해방 이후 이러한 시설은 우리나라가 성장하는 기본 인프라로 중요한 역할을 했다. 하지만 이는 어디까지나 일본이 한반도를 자기들이 거주할 새로운 영토로 보았기 때문에 실행한 것이지, 한반도에 먼저 거주하고 있던 식민지 조선인을 위해서 한 일이 아니었다.

한국전쟁, 지리의 정치학
　한국전쟁은 일제강점기와 더불어 우리나라 현대사의 가장 결정적인 사건이며 어두운 역사의 한 부분이다. 그런데 의외로 요즘

한국전쟁, 1950-1953년

청소년은 한국전쟁에 관해 유럽 땅에서 일어난 1·2차 세계대전만큼도 배우지 않는다. 바람직한 현상이 아니다. 가슴 아픈 역사, 부끄러운 역사를 외면하면 우리는 끝내 그 역사에서 아무런 교훈도 얻지 못할 것이기 때문이다.

한국전쟁은 1950년 6월 25일 새벽, 북한이 38선을 넘어 침공하면서 시작되었다. 이 전쟁의 진행을 교과서대로 서술하면 이렇다. 북한은 대한민국 육군이 상대하기 어려운 탱크와 연발총(따발총)을 앞세워 파죽지세로 밀고 내려왔다. 대한민국은 영토 대부분을 상실했지만 낙동강 전선에서 버텼고, 맥아더 장군의 인천상륙작전으로 인민군의 허리를 끊어 내고 서울을 다시 탈환했다.

하지만 당시 북한이 세운 작전계획은 이보다 훨씬 철저하고 치명적이었다. 무엇보다 한반도 지리에 대한 충실한 이해를 바탕으로 세워졌다. 북한은 남침 이전에 이미 다음과 같은 가능성을 염두에 두었다.

1. 대한민국 정부가 남하할 경우 길어진 보급선의 유지 문제
2. 전쟁이 단기간에 끝을 보지 못해 미국이 개입할 경우의 문제

그래서 북한은 네 방향에서 동시에 남침하는 작전을 수립했다.

1. 육군 주력부대는 개성 방향으로 내려와 최단시간에 서울을

장악한다.

2. 육군 보조부대는 춘천(당시에는 춘천이 최전방이었다)으로 내려와 대전 방향으로 진격한다.

3. 해군을 이용해 1) 삼척(또는 동해, 당시에는 강릉이 최전방이었다)과 2) 부산에 상륙시켜 한 부대는 포항 쪽으로 내려가고 다른 한 부대는 부산의 항만 시설을 파괴한다.

전쟁이 북한의 작전대로 진행된다면 이런 결과가 일어난다.

1. 서울이 인민군 손에 떨어지면서 남쪽으로 피난길에 오르는 이승만 등 정부 요인은 춘천을 통해 남하한 인민군에게 부산으로 가는 길 중간쯤(대전 정도)에서 요격당한다.

2. 부산은 항만이 파괴되어 미군이나 유엔군이 상륙하기 어려워진다.

3. 만약 대전에서 요격에 실패하면 동해안을 따라 내려온 부대가 포항·대구 라인에서 2차로 요격한다.

그렇다면 이에 대한 국군의 대응은 어땠을까? 서울로 진격하는 인민군에는 개성·의정부에 주둔한 1사단과 7사단, 춘천 쪽으로 내려오는 인민군에는 원주의 6사단, 그리고 동해안에서는 강릉의 8사단이 맞섰다. 그런데 개성·의정부의 1사단과 7사단은 남

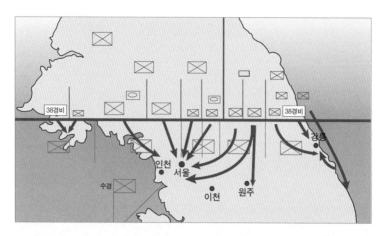

한국전쟁 당시 인민군의 침공작전 계획

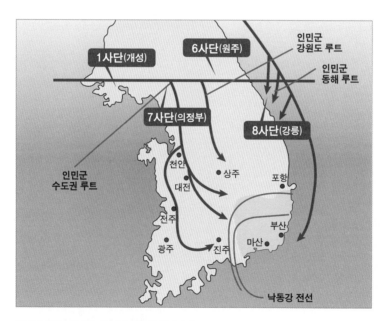

인민군 침공 3개 루트와 이에 대응한 국군사단
인민군 수도권 루트에 대해서는 국군 1사단, 7사단이 저지에 실패했다. 하지만 인민군 강원도 루트는 6사단이 격퇴했고, 인민군 동해 루트는 8사단이 격퇴해 낙동강 전선에서의 항전이 가능해졌다.

대한해협해전에서 활약한 백두산함
대한민국 해군 최초의 전투함이며, 이 승전으로 부산항을 확보하는 전과를 올렸다.

침 개시와 동시에 이렇다 할 저항도 못하고 바로 뚫렸다. 당시 개성에 주둔하던 백선엽 장군(당시 국군 대령)을 한국전쟁의 영웅이라고 치켜올리는데, 남침 초기 수도권 방어에 성공했으면 그가 공을 세운 낙동강 전선에서의 처절한 전투도 없었을 것이니 오히려 공보다 과가 더 크다.

오히려 결정적인 승리를 거둔 국군 부대는 6사단과 8사단이었다. 6사단은 인민군의 춘천 진격을 저지함으로써 대한민국의 허리를 끊는 북한의 전략을 첫 단계에서 무위로 만들었다. 6사단마저 수도권같이 맥없이 무너졌다면 당시 서울을 버리고 부산을 향하던 이승만정부는 대전까지도 못 가 포로 신세가 되었을 것이며, 유엔 개입 이전에 적화통일이 완료되었을 것이다.

강릉의 8사단 역시 중요한 역할을 했다. 1950년 6월 25일 새벽, 인민군이 탱크를 앞세워 남침을 개시할 때 거의 같은 시각에 동해안 옥계(정동진)에, 바로 다음 날 부산 앞바다에 북한 상륙함이 나타났다. 기막힌 타이밍이다.

다행히 국군 8사단이 이들을 모두 격퇴했다. 최용남 함장이 지휘한 백두산함은 부산으로 접근하던 인민군 함정을 격침했고(대한해협해전), 김상도 소령이 이끄는 해군은 옥계에 상륙해 무기와 장비를 내리던 인민군과 치열한 교전 끝에 이를 궤멸시켰다(옥계전투). 이 두 차례의 승리 덕에 낙동강 전선이 후방에서 무너지지 않고 버틸 수 있었고, 부산항을 온전하게 유지해 유엔군과 물자가 들어올 통로를 확보했다.

북으로의 진격과 뼈아픈 분단

이렇게 강원도 쪽과 동해안 쪽 침공이 실패로 끝나자 남침을 감행한 북한군에는 악몽의 시간이 다가왔다. 평양에서 대구-포항 라인까지 이어지는 엄청나게 먼 거리를 보급해야 하는 어려운 처지가 되었고, 유엔군이 부산을 통해 투입되었기 때문이다. 이때부터 한국전쟁의 전세가 기울었다. 남북 방향이 반대일 뿐, 전쟁 초기에 빠르고 깊게 침공했다가 바다가 끊기면서 고립된 임진

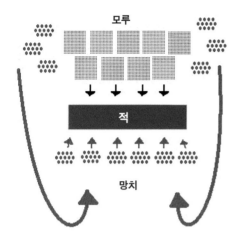

모루와 망치 전술
대치하며 버티고, 우회해 뒤에서 내리치
는 전술로, 인천상륙작전이 대표적이다.

왜란 당시의 일본군과 비슷한 처지다.

하지만 유엔군과 대한민국 입장에서도 낙동강에서 인민군과 싸워 가며 북쪽으로 밀고 올라가는 것은 너무 힘겹고 큰 희생을 요구하는 방법이었다. 파격적이고 과감한 전술이 필요했다. 이때 유엔군 사령관 맥아더 장군이 선택한 전술이 '모루와 망치' 전술이다.

전선에서 마치 모루처럼 적군과 대치하며 버텨 내는 동안, 다른 병력이 적을 우회해 뒤에서 망치처럼 내려침으로써 적을 흩트러뜨리는 전술이다. 이게 바로 유명한 인천상륙작전이다. 팽팽하게 대치하고 있는 낙동강 전선을 모루로 삼아 서해를 돌아 인천을 망치로 때린 것이다.

왜 인천일까? 서울과 가깝기 때문이라고 쉽게 생각할 수 있다. 하지만 당시 인민군의 주력부대는 서울이 아니라 거의 낙동강 전선에 배치되어 있었다. 그렇다면 인천은 망치치고는 너무 멀리 떨어진 곳이다. 더구나 지리의 눈으로 보면 인천은 상륙작전을 하기에 매우 나쁜 곳이다. 이유를 몇 가지만 들어봐도 이렇다.

1. 조수간만의 차가 매우 크다. 더구나 바다가 얕고 경사가 완만해 썰물 때는 수백 미터의 갯벌이 형성된다는 뜻이다. 아무리 용감한 해병대라도 수백 미터나 되는 갯벌을 허우적거리며 상륙하다가는 표적으로 전락하고 말 것이다. 그러니 상륙할 수 있는 시간은 썰물이 아닐 때뿐이다.
2. 해안선이 복잡하고 크고 작은 섬과 암초가 많다. 이것을 피해서 들어오는 뱃길도 뻔히 정해져 있다.

지키는 쪽은 정해진 시간에 정해진 장소만 지키면 되는, 그야말로 꿀 빨며 방어할 수 있는 자리다. 그런데 맥아더 장군은 설마 이쪽으로 들어오겠나 하는 방심의 빈틈을 노렸다. 당시 인민군이 예상한 망치 지점은 인천이 아니라 동해안을 돌아 낙동강 전선 뒤쪽에 있는 포항 근방의 해안이었다. 지도를 보면 확실히 그쪽이 더 그럴듯해 보인다.

국군과 유엔군은 포항 쪽이 망치라는 인민군의 착각을 확신으로 바꾸고 진짜 망치(인천)를 감추기 위해 9월 14일에 정말 포항 인근 장사해안에서 상륙작전을 감행했다. 가짜 망치였기 때문에 정규군을 많이 투입할 수 없었고, 심지어 군장도 제대로 갖추지 못한 고등학생 700여 명까지 학도병으로 참가했다. 이들은 일주일이나 치열하게 싸우면서 북한이 자기들을 진짜 망치라고 믿게 했다. 이로써 인천상륙작전이 가능해졌고, 국군과 유엔군이 서울

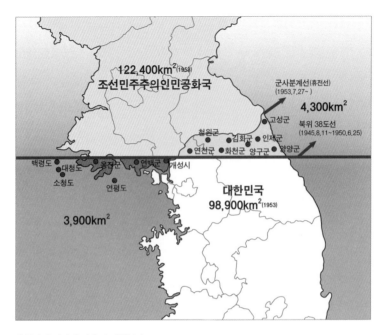

한국전쟁 이전과 이후의 남북분단

한국전쟁 이전의 남북 경계인 38도선(빨간 직선)과 이후 경계인 군사분계선에 따라 달라진 영토. 대한민국은 3,900평방킬로미터의 영토를 서쪽에서 상실하고, 동쪽에서 4,300평방킬로미터를 새로 얻었다. 그 결과 개성이 북한 땅이 되고 양양, 속초가 대한민국 땅이 되었다.

을 되찾고 평양에서 낙동강에 이르는 보급선을 차단해 남침한 인민군을 고립시켜 궤멸시킬 기회를 잡았다.

이후 대한민국과 유엔군은 맹렬하게 반격해 압록강 인근까지 북진했으나 중국군의 개입으로 다시 밀려 내려와야 했다. 결국 1953년 7월 27일 정전협정을 맺고 오늘날과 같이 휴전선을 사이

1953년 7월 정전협정을 조인하는 유엔군 사령관과 북한 측 대표
당시 대한민국 정부와 국민은 정전협정에 적극적으로 반대했다.

에 두고 남북이 대치하게 되었다.

정전협정 결과, 새로 그어진 남북의 경계는 전쟁 이전과 많이 달라졌다. 이전에 대한민국에 속했던 옹진반도와 개성이 북한이 되었고, 반대로 북한에 속했던 연천, 철원, 화천, 김화, 양구, 인제, 양양, 속초, 고성 등이 대한민국에 속하게 되었다. 단순히 면적으로 계산하면 북한이 많이 내주고 조금 얻은 것처럼 보이지만, 실제로는 산악 지역을 내주고 평야를 획득한 셈이라 북한 입장에서 절대 손해가 아니다. 더구나 옹진반도와 개성 일대를 획득함으로써 대한민국이 거의 독점하고 있던 서해의 제해권을 나눠 가지게 되는 등 전략적 이점도 많이 얻었다.

그렇다고 평야를 내주고 산악 지역을 얻은 것이 반드시 손해만은 아니다. 38선이 휴전선으로 바뀌지 않았으면 낭만의 도시로 알려진 춘천과 강릉이 최전방 군사도시가 되었을 것이다. 금강산은 물론 설악산마저 갈 수 없었을 것이며, 여름이면 젊은이의 성지가 되는 서핑 명소 양양 역시 북한에 속했을 것이다.

10장

지리의 눈으로 바라본
우리나라 경제발전

경제와 지정학 사이

경제발전과 지리는 어떻게, 얼마만큼 관련 있을까?
어떻게 한국은 급격히 선진국의 대열에 오를 수 있었을까?

이제 마지막으로 지리의 시각에서 우리나라의 경제발전 과정을 따라가 보자. 우리나라 역사에서 가장 극적이고 놀라운 반전은 다름 아닌 한국전쟁 이후의 눈부신 발전사다. 한국전쟁이 끝난 직후 우리나라는 완전히 폐허가 되었다. 그런데 그중 남쪽의 대한민국은 불과 한 세대 만에 전쟁 피해를 완전히 복구하는 것은 물론, 세계가 놀랄 정도로 빠르게 발전했다.

경제력과 지리, 그리고 지역 격차

실감 나지 않는다면 《유에스뉴스》(usnews.com)에서 실시한 '세계의 강대국' 순위를 보면 된다. 대한민국은 2020년에는 9위, 2021년에는 8위를 차지했다. 식민지 상태에서 갓 독립하자마자

세계 강대국 2021	
순위	**나라**
1	미국
2	중국
3	러시아
4	독일
5	영국
6	일본
7	프랑스
8	한국
9	사우디아라비아
10	아랍에미리트

최고의 나라 2021			
순위	**나라**	**순위**	**나라**
1	캐나다	11	프랑스
2	일본	12	덴마크
3	독일	13	노르웨이
4	스위스	14	싱가포르
5	호주	15	한국
6	미국	16	이탈리아
7	뉴질랜드	17	중국
8	영국	18	핀란드
9	스웨덴	19	스페인
10	네덜란드	20	벨기에

참혹한 전쟁으로 폐허가 되었던 나라, 원조물자 없이는 생존할 수 없던 세계에서 가장 가난한 나라가 한 세대 만에 손꼽히는 선진국이자 강국으로 성장한 것이다.

물론 이 지표는 경제력과 인구 등 양적인 측면만을 보는 것이기 때문에 진정한 강국의 순위를 보여 주지 못한다는 비판도 있다. 하지만 대한민국은 여러 가지 질적인 면, 문화, 사회, 복지 등을 종합적으로 살펴본 '최고의 나라' 순위에서도 2021년 기준으로 15위를 차지했다. 대한민국 뒤에 중국은 물론, 이탈리아, 핀란드, 스페인, 벨기에가 있다. 대단한 일이 아닐 수 없다.

어떻게 이런 일이 가능했을까? 박정희 대통령의 리더십, 즉 '개발독재'라 불리는 강력한 경제개발계획 덕분일까? 지리의 눈은 반드시 그런 것만은 아니라고 말한다. 박정희 대통령이 등장하기 한참 이전, 전쟁 직후에도 대한민국에는 이미 엄청난 피해를 딛고 일어설 희망의 싹이 있었다.

3년이나 이어진 참혹한 한국전쟁에도 불구하고 정전 이후 대한민국은 인구가 2,000만 명에서 2,200만 명으로 무려 10퍼센트나 늘어났다. 무려 130만 명이라는 인명 손실을 생각하면 믿어지지 않는 결과다. 이런 결과가 나온 까닭은 전쟁 중 많은 북한 주민이 남쪽으로 이주했기 때문이다. 아니나 다를까 북한의 인구는 전쟁 전에는 1,000만 명이었으나 전쟁 후에는 700만 명대로 주저앉았다. 더구나 이렇게 남쪽으로 내려온 북한 주민은 대부분 청장년층, 즉 생산가능인구였다.

또 다른 요인은 한 번도 인민군에게 넘어가지 않은 낙동강 이남의 부산과 대구 지역에 몰려든 피난민이다. 피난민 중 고향에 삶의 기반이 있는 사람들은 전쟁이 끝나고 돌아갔지만, 그렇지 않은 사람들은 대구와 부산에 그냥 눌러앉았다. 북한 이주민과 피난민은 그야말로 가진 것이라고는 몸뚱이뿐인 경우가 많았고, 따라서 싼값에 고용할 수 있는 저가 노동력이 되었다.

미국과 일본과의 통로이며

한국전쟁 당시의 피난민

경제성장의 견인차로 불리는 1960~70년대 경부고속도로 건설과 완공

저렴한 노동력을 쉽게 구할 수 있었던 대구-부산 지역에 저렴한 노동력이 넘쳐나자, 이들을 이용해 수출품을 생산하는 공장이 우후죽순처럼 들어섰다. 그러면 그 공장이 다시 사람들을 불러들이고, 사람들은 공장을 다시 불러들였다. 대구는 5년 만에 인구가 무려 60퍼센트 늘었고, 부산은 100퍼센트 늘었다. 당시 부산 인구는 서울과 맞먹었고, 대구와 부산 인구를 합치면 수도권 인구를 한참 넘어섰다.

경부선을 중심으로 고속도로 등 인프라가 확충되고 발전한 것이 경상도 출신 박정희 대통령이 영남을 우대하고 호남을 차별해서만은 아닌 것이다. 박정희 이전 시기, 즉 제1공화국, 제2공화국에서도 이미 그렇게 방향이 잡혔다. 상대적으로 일제강점기 때 일본-만주 사이의 인적·물적 자원의 통로로 중요했던 호남 지방은 분단체제와 중국의 공산화로 중요성이 떨어지고 말았다.

그러나 2000년대에 들어 우리나라 경제가 노동집약적 산업에서 지식집약적 산업으로, 또 주요 교역 상대국이 미국과 일본에서 중국으로 바뀌면서 동남권은 상대적으로 위축되었다. 이 역시 김대중-노무현으로 이어지는 호남 기반 정당의 집권 때문은 아닐 것이다. 동남권이 위축되는 만큼 상대적으로 호남 지역이 발전한 것이 아니라, 모든 것이 수도권에 집중되는 현상이 나타났기 때문이다. 1970년대만 해도 부산의 3분의 1에 불과했던 인천이 2022년에는 인구로 부산과 맞먹고, 역내총생산(GRDP)으로는 오히려 부산을 앞서면서 사실상 우리나라 제2의 도시가 되었다. 반면 전라도 광주광역시는 여전히 발전이 정체된 상태에 머물러 있다.

그런데 인구증가와 집중이라는 요인으로는 대한민국의 빠른 원상회복은 설명할 수 있어도 선진국 수준까지 발전한 변화는 설명하기 어렵다. 아직도 기성세대는 우리나라가 선진국의 대열에 올랐다는 사실을 믿지 못하는 경향이 있지만, 유엔개발계획(UNDP)이 발표한 '인간개발지수(HDI)'에 따르면 우리나라는 엄연히 선진국이다. 인간개발지수는 경제력만 반영된 1인당 국민총소득(GNI)의 한계를 보완하기 위해 건강, 교육, 문화 등을 고루 평가해 산출하는 것으로, 이 지수가 0.85를 넘으면 선진국으로 보는데 우리나라는 2019년 기준으로 보면 무려 0.916으로 스페인, 이탈리아, 프랑스보다 높다.

0.85를 넘는 대부분의 국가는 유럽에 뿌리를 둔 서양 문명권 나라들이다. 여기 속하지 않은 나라는 대한민국, 일본, 타이완, 싱가포르 정도인데, 이 중 대한민국, 타이완, 싱가포르는 1960년대만 해도 북아프리카나 남아메리카보다 빈곤한 신생독립국이었다. 불과 한 세대 만에 자신을 지배했던 식민 종주국과 맞먹는 수준으로 발전한 것이었다. 아시아 나라들을 여전히 식민지 수준으로 깔보던 미국과 유럽은 깜짝 놀라면서 이 나라들을 "아시아의 네 마리 용" 혹은 "네 호랑이"로 불렀다. 20세기 중후반 이 용어가 처음 나온 당시에 아시아의 네 마리 용은 신흥공업국으로 중진국

제3세계의 빈민가
오늘날에도 개발도상국의 빈부 격차는 더 커지고 있다.

수준이었다. 그러나 그 후에도 지속적인 빠른 경제성장을 이루어 21세기에 들어온 현재, 대한민국과 싱가포르, 타이완, 홍콩은 선진국이라고 평가받는다. 지금은 홍콩이 중국으로 흡수되어 세 마리 용만 남았다.

이데올로기 대립과 지리적 위치

이 신생강국들의 발전 신화는 세계 신생독립국과 개발도상국의 희망이 되었다. 동아시아 자본주의, 동아시아 산업모델, 혹은 개발독재 등의 개념이 이들 나라의 발전을 설명하기 위해 만들어졌다. 하지만 다른 개발도상국 중 어느 나라도 이 길을 따라가지 못했다. 그렇다면 이 세 나라는 어떻게 일반적인 개발도상국과 다른 길을 갈 수 있었을까?

단지 민족성이나 문화만으로는 설명하기 어렵다. 우리와 같은 민족인 북한이 세계에서 가장 가난한 나라 중의 하나인 이유는 무엇이라고 설명할 수 있을까? 서양학자들이 선호하는 '유교 자본주의' 같은 용어로도 설명하기 어렵다. 우리나라는 중화권만큼 유교의 영향력이 크지도 않고, 한자를 공식적으로 사용하는 문화권도 아니다.

이 나라들의 발전을 설명할 수 있는 가장 중요한 요인은 바로 자리의 힘, 즉 지정학이다. 홍콩까지 포함해 이 네 마리 용의 '자리'에 주목해 보자. 다음과 같은 공통점이 있었다.

1. 공산국가와 경계를 이루고 있는 나라들이다(대한민국 대 북한, 타이완 대 중국, 싱가포르 대 베트남).
2. 공산당의 통제를 받지 않는 나라들이다(1997년 이전까지의 홍콩).

공교롭게 이 나라들이 해마다 두 자릿수 경제성장률을 뽐내던 경이로운 1960~70년대와 동서 냉전체제가 한창이던 시절이 일치한다. 이 나라들 외에 분단국가였던 독일의 반쪽인 서독 역시 유

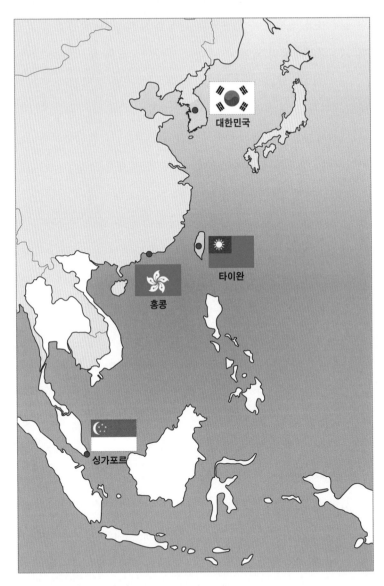

아시아의 네 마리 용, 대한민국, 타이완, 싱가포르, 홍콩

럽에서 가장 눈부신 경제성장을 통해 패전 10년 만에 승전국을 위협하는 경제대국이 되어 '라인강의 기적'이라는 말을 만들어 냈다.

냉전시대는 자본주의 서방세계와 공산주의 동방세계가 서로 증오하면서도 세계를 공멸로 이끌 수 있는 직접적인 무력충돌은 피하던 시기였다. 대신 자기 체제의 우월성을 과시하는 선전전이 치열했다. 미국과 소련이 로켓을 쏘아 올리면서 우주항공기술의 우월성을 다투고, 올림픽과 각종 국제스포츠대회에서 치열한 메달 경쟁을 하며 체제의 우월성을 내세우려 했다.

체제 경쟁에서 경계선 나라들은 매우 중요하다. "빈곤은 공산주의 확산의 가장 결정적인 원인"이기 때문이다. 반대로 이 나라들이 번영하면 그것은 체제의 우월성을 선전하는 쇼윈도 역할을 할 수 있다. 공교롭게 이 경계선을 이루는 나라들은 같은 문화, 같은 민족의 나라들이다. 동독과 서독, 중국과 홍콩·타이완·싱가포르, 그리고 북한과 대한민국. 홍콩, 타이완, 싱가포르는 번영하는데 중국은 그렇지 않고, 대한민국은 번영하는데 북한은 안 되고, 서독은 번영하는데 동독은 가난하다면 이는 체제의 차이라고 주장할 명분이 선다.

서방세계, 특히 미국은 1950년대에는 원조라는 방식으로, 1960년대에는 차관의 형태로 이 나라들에 막대한 자본을 지원했다. 그 밖에 하청 주문, 무역에서의 최혜국 대우(관세 혜택) 등의 간접적인 지원도 있었다. 무역이라고는 하지만 미국이 어느 정도 손

냉전체제의 상징이던 베를린 장벽(1989년)

해 보는 거래를 감수하면서 지원한 것이다.

물론 냉전의 경계가 마냥 좋은 것은 아니다. 이 나라들은 냉전의 쇼윈도뿐만이 아니라 냉전의 요새이기도 했다. 미국은 이 나라들이 공산주의 확산을 막는 강력한 반공기지가 되기를 원했다. 따라서 이 나라들에 독재정권이 세워지더라도 반공을 내세우고 있으면 상관하지 않거나 오히려 지원하기도 했다.

그 결과 우리나라와 타이완은 냉전기인 1980년대 후반까지 군사독재정권의 혹독한 억압에 시달렸지만, 그토록 인권에 민감하다는 미국 정부로부터 어떤 제재도 받은 적이 없다. 우리나라와 타이완 두 나라의 정치체제는 놀랄 정도로 비슷했다. 군인 출신 독재자가 인권과 권력분립 따위는 무시하는 철권을 휘둘렀다. 야당은 크게 위축되었고, 비판적인 지식인은 '공산주의자(빨갱이)' 딱지가 붙은 채 감옥에 갇히거나 살해당했다.

이 두 나라가 민주주의를 쟁취한 시기 역시 공산권이 무너진 시기와 일치한다. 물론 저절로 이루어지지는 않았다. 시민의 끈질긴 투쟁 끝에 얻은 것이다. 또한 군부독재와 기득권 세력에게 무너지기 일쑤였던 라틴아메리카와는 달리, 이 두 나라에서 군사독재가 다시 들어서기 어려울 정도로 확고하게 민주정부가 자리 잡은 것 역시 온전히 두 나라 시민의 투쟁과 의지의 결과일 것이다. 하지만 냉전체제가 계속 유지되고 있었다면 두 나라의 민주화는 훨씬 어려운 길을 걸어야 했을 것이다.

냉전체제와 오일 달러로 가속된 성장

우리나라와 타이완은 냉전 이후에도 다른 용들보다 자리 덕을 더욱 크게 누렸다. 중국이 세계 경제의 새로운 성장 동력으로 떠오를 때 마침 바로 그 옆에 자리 잡고 있었던 것이다. 1992년을 계기로 중국은 사실상 자본주의 시장경제를 도입하고 빠르게 성장했다. 당시 중국의 성장 전략은 외국 자본과 기업을 유치해 이를

대규모의 산업인력이 중동 등 해외로 파견되던 1970년대 신문 기사

1970~80년대 중동 건설붐을 타고 해외로 파견 나간 한국 노동자들

중동의 석유산업 단지
1차 석유파동은 석유수출국기구(OPEC)의 인상 결정으로 인해 발생했다. 석유의 정치무기화로 해석하기도 한다. 이를 계기로 대체에너지 정책 역시 활발히 연구되고 있다.

성장 동력으로 삼는 것이었다. 중국은 같은 민족인 타이완, 홍콩, 싱가포르 등 화교 자본을 최우선으로 유치했다. 그다음으로는 같은 동아시아 문화권인 우리나라와 일본 자본을 유치했다.

우리나라 경제성장의 요인으로 인구증가, 냉전체제의 최전선 입지 외에 또 꼽아 볼 수 있는 것은 1973~74년에 발생한 1차 석유파동(오일쇼크)이다. 석유파동은 이집트와 사우디아라비아를 중심으로 이른바 중동 산유국이 똘똘 뭉쳐 원유 가격을 1배럴당 2.9달

전쟁의 폐허에서 압축성장을 일궈 냈다는 평을 받는 한국

러에서 12달러로 올린 사건이다. 석유를 자급하지 못하는 유럽,
일본과 마찬가지로 우리나라도 엄청난 고통을 겪었다. 당시 우리
나라는 노동집약적 경공업에서 중화학공업으로 산업구조가 바뀌
던 시기였는데, 거대한 공장을 돌리는 데 필요한 석유가 부족해지
면서 위기를 맞이했다. 석유 가격이 폭등하면서 물가도 덩달아 상
승해 1974년에는 무려 25퍼센트라는 살인적인 인플레이션을 기
록했다.

그런데 여기서 놀라운 반전이 일어났다. 당시 사우디아라비아

를 비롯한 중동 산유국들은 다섯 배 이상 오른 석유 덕분에 엄청난 부자 나라가 되었다. 온 세계의 달러 뭉치가 중동으로 쏟아져 들어왔다. 이 나라들이 넘치는 달러로 무엇을 했을까? 바로 건설이다. 도로, 항만, 공항, 백화점, 호화 아파트, 그리고 사막에 물을 공급하는 거대한 수로 등 대규모 토목과 건설에 대한 수요가 쏟아져 나왔다. 이 나라들은 3차 중동전쟁에서 이스라엘 편을 든 미국과 유럽에 반감이 컸다. 덕분에 우리나라가 기회를 잡았다.

수많은 건설사와 노동자가 중동으로 건너가 뜨거운 태양과 모래폭풍에 맞서 거대한 규모의 공사를 수행했고, 그 대가로 막대한 달러를 벌어 왔다. 폭등한 석윳값으로 중동에 흘러 들어간 달러가 건설비로 다시 우리나라까지 흘러온 것이다. 덕분에 다른 나라들은 대부분 성장률이 땅에 떨어지거나 마이너스 성장을 기록했던 석유파동 시기에 우리나라는 도리어 해마다 7~10퍼센트에 이르는 높은 성장률을 기록했다.

무엇보다도 우리나라가 개발도상국에서 선진국으로 질적인 도약을 하는 데 이 건설붐과 변화 상황은 큰 도움이 되었다. 이때 우리나라로 들어온 '오일 달러'가 노동집약적 경공업 위주의 산업 구조를 중화학공업, 정보통신산업으로 전환할 때 필요한 인프라 구축에 사용되었기 때문이다. 이데올로기와 자원을 둘러싼 세계 정세와 환경의 변화가 우리나라의 경제성장 구조에도 큰 영향을 미친 중요한 역사의 한 장면이라고 할 수 있다.

"세상은 넓고,
봐야 할 지도는 아직도 많아!"

친해지면 지리가 너에게 힘을 주리라

　지금까지 우리나라와 세계 역사의 몇몇 중요한 장면을 '지리의 눈'을 통해 살펴보았다. 물론 이 책에서 다룬 이야기는 그야말로 한정된 장면에 불과하다. 책 한 권이라는 제한된 분량에 담아내기에는 지리의 눈을 통해 살펴볼 수 있는 역사가 너무 많다. 이 책은 다만 지리의 눈으로 살펴볼 때 역사에 대한 이해가 얼마나 풍부해지는지, 그 맛보기 정도라 하겠다.

　가령 『삼국지』만 해도 그냥 읽는 것과 지리를 곁들여 읽는 것은 하늘과 땅 차이다. 조조, 손권, 유비가 모두 탐내면서 격전의 장소가 된 『삼국지』의 핵심 도시 형주가 대체 어떤 곳이었는지 지리의 눈으로 보면 깔끔하게 이해된다. 한수와 장강이 만나는 곳, 중국 대륙의 십자로와 같은 곳, 그리고 바로 오늘날의 우한시라는 점 때문이다. 우한시가 빠르게 코로나19가 확산하는 출발점이 된 까닭도 바로 이런 지리적 요충지였기 때문이다.

　사방이 온통 사막인 메카, 메디나 같은 도시가 어떻게 경제적으로 번창하여 마침내 이슬람교가 세계로 퍼지는 중심지가 되었는지도 세계지도를 펼쳐 놓고 보자. 답을 얻을 수 있을 것이다.

우리나라 역사 교과서에는 역사 부도가 같이 나온다. 역사적인 사건을 지도로 표시한 자료도 많이 수록되어 있다. 사회 교과서에는 사회과 부도가 같이 나온다. 지리적 현상을 지도로 표시한 자료가 가득하다. 이 둘을 따로따로 보는 것보다 겹쳐서 같이 보고 생각하면 훨씬 풍부하고 재미있는 이야깃거리가 나온다. 더불어 훨씬 깊이 있는 이해도 가능해진다.

지구 위에 발을 붙이고 사는 한 우리는 '자리'의 영향에서 자유로울 수 없다. 그런데 자리와 인간 행동의 관계에 관한 일반 법칙을 구하는 일은 어렵고 복잡한 일이다. 언젠가 그런 법칙이 나올지 모르겠지만, 현재까지는 자리의 영향력을 보여 주는 사례와 이야기를 통해 안목과 지혜를 기르는 것이 가장 좋은 방법이다.

역사에는 무궁무진한 이야기가 있다. 그 이야기들을 그냥 이야기로, 혹은 역사적 사실로만 알고 넘어가는 대신 지형, 기후, 주변 나라와의 관계 등 지리 현상과 연결 지어 생각하는 방식은 청소년에게 큰 도움을 주고, 폭넓은 시야를 갖게 할 것이다.

역사뿐만이 아니다. 우리나라의 범위를 넘어 지구 위에서 일어나는 여러 현상과 사건에 관심을 가져야 한다. 제일 먼저 할 일은 지도와 익숙해지면서 지구 위에 어떤 나라들이 있고, 그들이 어떤 자연환경, 인문환경에 자리 잡고 있는지 알아가는 것이다. 꼭 종이 지도일 필요도 없다. 요즘은 전 세계 지리 정보가 상세하게 수록된 인터넷 지도를 쉽게 찾아볼 수 있다. 차차 지도에 익숙해지면 상상력을 발휘해 가상의 여행, 가상의 사업, 가상의 정치 등을 여러 나라, 여러 지역에서 펼쳐 보자. 역사책을 읽을 때도 지도를 펼쳐서 역사적 사건이 일어난 곳의 지형을 살펴보자.

세상의 여러 현상을 자리의 영향력을 중심으로 보면, 어느새 지리의 눈을 뜨게 될 것이다. 지구 위에 사는 사람들은 누구나 지구라는 공간을 매개로 연결된 공동의 운명체다. 지구 반대편에서 일어나는 일이라도 우리 삶에 큰 영향을 줄 수 있다. 지리의 눈을 떴을 때 바로 이 점이 드러난다.

앞으로 부지런히 지리의 시각으로 역사, 정치, 경제를 살펴보고, 지구인으로서의 소양을 기르자. 그럴 때 비로소 입체적으로 우리의 삶과 역사, 사회를 이해할 수 있는 깊이가 갖춰지리라 확신한다.

책을 쓰고 나니 몇 가지 아쉬움이 남는다. 평소에 지리와 정치, 역사를 같이 연결하는 지정학 책이 한결같이 전쟁을 중심으로

248

이야기를 펼쳐 나간다는 느낌을 받았다. 그런데 막상 책을 쓰면서 나 역시 그런 일을 반복하고 말았다. 물론 전쟁이 다른 역사적 사건보다 영향력이 크고, 어떤 사건보다 지리와 밀접한 관계가 있는 것은 사실이다. 무엇보다도 전쟁은 많은 이야깃거리를 만들어 내는 역동적인 사건이다. 하지만 전쟁 말고도 지리가 중요한 역할을 한 역사적 사건은 많다. 또 너무 전쟁을 중심으로 역사 이야기를 펼치다 보면 전쟁의 참상을 가볍게 생각하고, 전쟁에 대해 낭만적인 환상을 심어 줄 수 있다는 점에서 조심할 필요가 있다. 덧붙여 10장 '지리의 눈으로 바라본 우리나라 경제발전' 부분은 책 분량상 현재의 변화를 이루게 한 뿌리 단계에서 이야기를 그쳤지만, 무척 흥미로운 주제이니 앞으로도 지리의 눈으로 관심을 가지고 공부하기를 부탁하고 싶다.

　지리적 관점에서 역사를 보면 훨씬 풍부하고 흥미로운 관점이 생긴다. 그것을 알고 그 재미를 맛보았다면, 우리 청소년이 스스로 지리의 눈을 뜨고 새로운 눈을 가진 사람으로 거듭나기를 바랄 뿐이다. 아직 봐야 할 지도가 무척 많다.

참고문헌

Freier, Nathan(17 May 2012), "The Emerging Anti-Access/Area-Denial Challenge", *Center for Strategic & International Studies*.

가토 요코(2012), 『만주사변에서 중일전쟁으로』, 어문학사.

김영진(2021), 『임진왜란: 2년 전쟁 12년 논쟁』, 성균관대학교 출판부.

김호동(2016), 『아틀라스 중앙유라시아사』, 사계절.

다닐로프(2015), 『새로운 러시아 역사』, 신아사.

박종기(2020), 『새로 쓴 오백년 고려사』, 휴머니스트.

박태균(2005), 『한국전쟁: 끝나지 않은 전쟁, 끝나야 할 전쟁』, 책과함께.

박희봉(2014), 『교과서가 말하지 않은 임진왜란 이야기』, 논형.

앤드루 램버트(2021), 『해양 세력 연대기: 현대 세계를 형성한 바다의 사람들』, 까치.

윤휘탁(2013), 『만주국: 식민지적 상상이 잉태한 '복합민족국가'』, 혜안.

이윤섭(2004), 『역동적 고려사: 몽골 세계제국에도 당당히 맞선 고려의 오백 년 역사』, 필맥.

일본사학회(2011), 『아틀라스 일본사: 역사읽기, 이제는 지도다!』, 사계절.

임용한(1998, 1999), 『조선국왕 이야기 1, 2』, 혜안.

_____(2001), 『전쟁과 역사: 삼국편』, 혜안.

_____(2004), 『전쟁과 역사 2: 거란·여진과의 전쟁』, 혜안.

_____(2011, 2012), 『한국고대전쟁사 1-3』, 혜안.

정인지 등(2002), 『신편 고려사 1-10』, 신서원.

지오프리 파커(2004) 엮음, 『아틀라스 세계사: 역사읽기, 이제는 지도다!』, 사계절.

하라다 게이이치(2012), 『청일·러일전쟁』, 어문학사.

17쪽 만월대 _국립고궁박물관, 만월대 서부건축군 도면_만월대 남북공동발굴 디지털 기록관 18쪽 〈지승(地乘)〉 송도부 부분_규장각 한국학연구원 20쪽 조선시대 명당도 _국립중앙박물관 23쪽 송악 개경전도(〈광여도〉) _규장각 한국학연구원 39쪽 고구려 요동 방어선 _한국민족문화대백과사전 40쪽 고구려 감신총 모사도_국립중앙박물관 45쪽 백제 철기 _국립부여박물관 49쪽 말머리 가리개, 장식보검 _국립경주박물관 50쪽 문무왕비 _국립경주박물관 53쪽 경주(〈광여도〉) _규장각 한국학연구원 54쪽 판갑옷 _국립경주박물관 57쪽 광개토대왕 기록화 _전쟁기념관 58쪽 광개토대왕명 청동그릇 _국립중앙박물관 62쪽 광개토대왕비 _국립중앙박물관 68쪽 금동관음보살좌상, 은제도금소병 _국립중앙박물관 69쪽 요의 수월관음상 _wikimedia commons 76쪽 귀주대첩 민족기록화 _전쟁기념관 79쪽 고려 의장기 _wikipedia 80쪽 강감찬 장군 _전쟁기념관 81쪽 거란의 말 타는 무사들 _wikimedia commons 82-83쪽 여요전쟁 민족기록화 _전쟁기념관 88쪽 『징비록』_국립중앙박물관 89쪽 문경새재의 2·3관문 _wikimedia commons 90-91쪽 문경(〈여지도〉) _규장각 한국학연구원 94쪽 일본의 고산지대 지형 _wikipedia 100쪽 한국·일본 장수 갑옷 _국립중앙박물관, 국립진주박물관 101쪽 판옥선 _wikipedia 104-105쪽 수군 조련도 _인천시립박물관 107쪽 부산진순절도 _육군박물관 114쪽 한산도대첩 기록화 _전쟁기념관 115쪽 통영한산대첩축제 _(재)통영한산대첩문화재단 123쪽 왜군의 전주성 침투 경로 _wikipedia 124쪽 임진왜란 순국의병 추모비 _완주군 공식블로그 126쪽 총통, 비격진천뢰 _국립중앙박물관 127쪽 독산성전투와 세마 상상도 _오산문화원 129쪽 신기전과 화차 _국립중앙박물관 132-133쪽 행주대첩 기록